精確解析痣相的第一本書

紫陽居士◆著

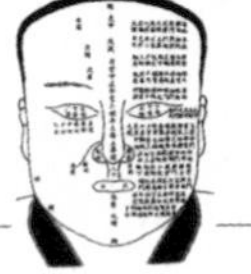

前言

痣詩云：

面無惡痣古人言，
一句能評福禍門，
果見頻頻生岳瀆，
不消魂處也消魂。

此指人類顏面上的朱砂痣，皆有吉祥的意義，尤其是在女性的臉上，甚至能夠平添幾許的妖嬈嫵媚，因此我國大唐朝代的宮廷或達官顯要的女子曾經盛行在眉心上點痣爲裝飾，或在額心紋上精緻的美麗彩圖。

似此在臉上點痣裝飾，幾乎沒有古今中外的限制，譬如古印度貴人女子在額心畫顆朱砂痣，或者裝飾一粒燦爛奪目的寶石。譬如法國路易時代的宮廷中，一些榮

華的貴婦人，往往爲了爭妍鬥豔而特別在臉部貼上眩人心弦的假痣，更形美豔絕倫。又譬如前一些時候，歐美電影明星就曾經流行在臉上裝飾「豔痣」。

姑且不論「豔痣」是否能夠平增一個人的容貌、氣質，最少自古以來，我們發現痣的存在不是偶然，往往可以預告本人的各種機遇，因此產生了「痣斑」相法及善惡痣之普遍意識，因此本書就是敘述從痣斑的出現來判斷我們人生的各種際遇徵兆意義！

目錄

第一章　面痣善惡概念

每一個人的臉上、身上都有痣斑，即使在臉上、頸上、手臂等露出衣裳顯眼處無痣的人，往往在衣裳掩飾下的胸、腹、背、腿、臂、腋下會有一些痣斑隱藏著。

因此古代對於痣斑的研究，最爲注意臉上顯眼的痣，然後才是筋、紋、斑、疤等事物。所以除了前述美人臉上的痣容易使男人涉及遐想的痣詩之外，又有另外四首痣詩，頗值引爲面痣善惡之概念，特錄以爲參考—

其一云：「面如璧玉痣如瑕，璧玉瑕生自不嘉，得得奇瑕成異物，痣圓妙處色朱砂。」

其二云：「痣嫌露面最宜藏，露面無災有禍殃，點點身中多吉兆，珠圓玉潤不尋常。」

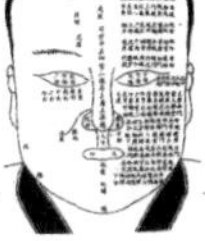

其三云：「痣如黑漆並硃紅，些子面間運亦通，最怕焦黃微白色，無拘男女害其中。」

其四云：「惡痣生成不可醫，縱然醫得帶微疵，勸君廣積陰功好，玉潔冰清豈有虧。」

觀之古人傳下痣斑相法，本在使我們有知己知彼之明，故相書訣云：「有心無相，相隨心生，有相無心，相隨心滅。」意義在說明一個人的秉性性格爲決定本人成敗吉凶的關鍵，不因容貌痣斑而造成成敗吉凶，以便知相術而發揮「善」之優長，反省檢討「惡」之缺短，並不因爲整容、點痣或衣飾而改變本人內在的品德素質，因此特別指醒：「惡痣生成不可醫，縱然醫得帶微疵。」惟以心性向善而改變命運，非以點痣、整容可以改變命運的！

可惜相命、相術勉人向善積德的至義未被普遍了解，但只朦朧略知吉凶，而未知「命由心生，相隨心轉」之理，往往因爲不必要的「迷信」而後悔，今特摘錄新聞報導以爲參考——

先生連連出車禍，疑是臉痣作怪

——迷信命運，找人點掉，留下大疤，悔不當初。

先生出車禍，迷信是自己臉上的痣帶來惡運，一位太太不聽醫生勸告，堅持把臉上的「惡痣」點掉，結果弄得臉上好大一個疤，後悔得不得了。

省立台中醫院皮膚科醫師林正夫說，這位太太，臉上本來有顆砂粒般的小痣，看來根本不顯眼，可是，有一次她身爲船員的先生在一個月之中，連續出了四次車禍，於是夫婦倆連忙去找人算命，指引破解之道。

算命先生算了半天，竟然告訴她，都是她臉上這粒小痣惹的禍，應該立刻去掉。

這名患者在向林醫師求教時，林醫師告訴她最好不要隨便去點，免得萬一弄不好，留個難看的疤痕可就糟了。

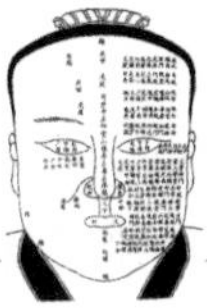

但是，這番話卻未被接受，這位太太仍自行找人點了痣，結果這個小痣在點後不但留下了疤痕，而且越來越大，這位太太爲此再度找上門來，可惜的是，已很難把這塊難看的疤痕去除掉了。

類似這樣的病例相當多，林正夫說，有人爲了愛美，有人爲了改運，常千方百計地去點痣，點時又未必找正牌的醫師，結果常弄得不美反醜，悔不當初。

第二章　痣斑淺説

嘗閒覽「神相水鏡集」，載曰：

昔朱熹，老叟相曰：「左面七痣，乃星宿中來。」文公曰：「我聞頭無惡骨，面無好痣，如何反言其祥？」叟曰：「痣雖利於隱處，忌於顯地，然而論痣之法，亦非概論，如文王一痣當胸者，生子四乳之中也，關夫子頰聚七痣者，合北斗中之首出也，郭令公臍內有痣，乃龍關有珠也，為六府總領之所，丹田之戶，主多福慧。」

曰：「我聞唐時安祿山與刺史張守珪洗足，見足底一痣，守珪曰：『我貴為一郡史，在此一痣耳。』祿山曰：『小人兩足各有一痣。』後兩處刺史。今常見人足底有痣，不驗其富貴者，何也？」

叟曰：「相非一論，守珪足底有痣得富貴者，不獨一痣也，必然眉目英秀，骨肉瑩潔，而愈彰其美也。我老祖論痣之法，最要緊者，圓如珠，紅如丹，黑如漆，白如玉者，方准其用也，如大而無色，小而不明，勿貴也。」

偶感讀習痣斑之不知所以然，但知其必然，適如我們之習學不求甚解，一知半解而誤導於迷信，故如痣斑因人之體質而生異，心身之息息相關，則可以現代的生理、心理知識而重新探討研究痣斑相術矣！

痣斑之形成，大多因人體質、內分泌等因素而形成，大約可以作下列之分類——

一、胎記

甫出生即見，大多於母胎妊娠中形成，大多成爲大小片狀之分佈，有紅色、黯青色，又稱爲「母斑」或「媽媽斑」，醫學上稱之爲「葡萄酒斑」，屬於「血管瘤」的一種，終生存在而不會自然消失。如果出現在顯眼處，除了有礙觀瞻和影響患者的心理產生自卑感之外，並不影響健康，威脅生命。

二、痣

凡皮膚上所生之斑點而微突起者，黑色者最多，亦有朱赤灰青等顏色，由於皮下深層之細胞內有容易集中黑色素的因素及弱點，其適居於微血管末梢者，因血管在皮下破裂，淤聚腫脹而變生成痣。

凡朱砂痣或赤色者，為屬於動脈之毛細血管之擴伸出皮膚而形成。

凡黑痣、青色斑痣者，為屬於靜脈之毛細血管在眞皮深層破裂而擴伸出皮層所形成。

三、斑

異於皮膚顏色之雜色駁紋，俱稱為「斑」。「斑」，大多淺黃黑色、褐色、青色、紅色，為多數色素集聚於眞皮表層，或沉澱集聚眞皮深層而形成。

一般斑之形成原因大致與痣的成因相同，惟其所處之皮下血管未破裂，除了異於膚色之外，未如痣之微突而為平坦者也。

四、點

斑之最小之痕跡，與斑之成因相同，一般皆以斑點混稱，最常見者為臉上

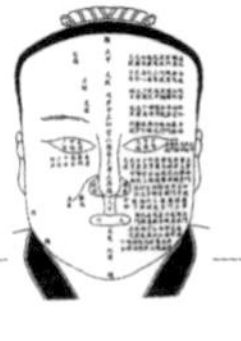

的「雀斑」。

五、靨

口輔之微渦，俗稱爲「笑渦」或「酒渦」。

六、疣

小者類痣，而其顏色與膚色相同，大者如瘤，俗稱爲「贅疣」，爲皮膚上之贅生結肉，大多表面軟滑，亦有凹凸或堅硬者，爲表皮或眞皮細胞特別成長而發生。

有時候，痣疣發生在一處，就變成特別大的痣了。

綜之上述，在我們現在所要談論的痣斑相法上，我們都把它們認爲是痣斑來研究判斷，並且因爲其顏色、大小、位置的千變萬化，以及在沒有相術基礎的狀況下甚難分辨痣的部位，因此本書擬以圖示來說明，以使作爲痣斑之研判！

在開始進入本書以前，特別剪附報章之報導以爲參考！

紅孩兒出世！渾身佈滿深紅胎記

台中市一名出生甫兩天的男嬰，全身四分之一都佈滿深紅色的「胎記」，如同「紅孩兒」。

家長抱他到中國醫藥學院附設醫院小兒科檢查，皮膚科會診認為這是火焰狀的母斑，又稱葡萄酒斑，屬於血管瘤的一種。

這個男嬰上半身的右邊軀幹和右手，下半身的左大腿以及後背，全為扁平的紅斑所覆蓋，臉部也遭波及。

皮膚科主任謝旭榮說，葡萄酒斑終其一生都不會自然消失，近幾年有人研究用雷射治療可除去這類胎記，但只有百分之五十的成功機率。

葡萄酒斑除了有礙觀瞻和影響患者的心理以外，對生命不會構成威脅，不過以後可能患部會合併肢體粗大，或者體內出現動靜脈瘻管等特殊症狀群。

謝主任表示，臨床上像這麼大面積的胎記還不多見，由於病人僅出生兩

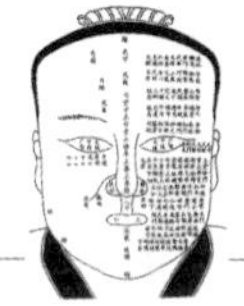

天，目前最好是不管它，等長到十幾歲再接受雷射治療，較為安全。

服漢藥消除「斑」「點」「青春痘」

——是美化肌膚最好的辨法

很多人臉上都會長出一點點的斑點，人們對這些斑點，稱為雀斑，其實，這只是沒有深切研究的看法。臉上的斑點，不是所有的都是雀斑，其中有些人生的是肝斑，肝斑與雀斑有很大的不同，通常情形，肝斑的斑點，色素比較暗沉，但有的是黑色（**嚴重的好像黑痣一樣**）或紅色的斑點。青春痘則多生於兩頰或額際，常發展至密麻滿腦，簇繁如纍、紅亮如豆、粒粒含膿，一經擠破，血水如漿。這些狀況通常都是因為火氣旺盛、體質熱實所形成。

一個人有了肝斑或青春痘，對於她的容貌，有著重大影響，雖然生就絕世美麗的臉龐，倘如臉上有了肝斑或青春痘，就如一塊美玉發現瑕疵一樣可惜！

為什麼這些斑點叫做「肝斑」呢？原來這些斑點與生理健康有關，一個有肝斑的人，就表示她的肝臟機能發生了問題，那是由於肝臟機能惡化所引起的，其症狀是：腹脹脇痛、頭暈腦脹、全身疲乏、食欲減退、口乾舌燥、失眠等等，正因如此，當她的肝臟機能改善了，斑點自然就會消失。

肝斑或青春痘的引起原因很多，內分泌不足、過於疲勞，也常常會引起，尤其體質虛弱、膚色青白的少女，或是健壯如牛、火氣極大的年輕人，更容易染有肝斑或青春痘，由於他們日常生活方式不規則，勞動過久或完全無運動機會，就會影響到他們的肝臟機能，由此而生出斑點來。另外，心臟如過於疲勞，也會容易引起肝斑或青春痘，而且還會引起其他如高血壓之類的毛病。

愛美是女人的天賦性格，假如你的臉上出現肝斑或青春痘、用什麼方法可以消除呢？最有效的治療方法，就是滋陰降火、注意起居飲食，還有充足睡眠，也是十分重要的，有充分睡眠，才會使精力恢復、火氣下降，無形中減輕肝斑或青春痘的威脅，對顏面也有很大的好處。

老人臉上斑點絕非都是「壽徵」

——有些是癌症前期陽光角化症，必須儘快找醫師切除

老人臉上的斑點不一定是「壽斑」，如果顏色棕黑帶黃，有糜爛現象，或許有可能轉變成癌症的陽光性角化症，必須儘快請醫師切除。

中國醫藥醫院附設醫院及皮膚科主治醫師謝旭榮看到一個年逾七旬的老太太，臉上長了近廿顆香煙頭大小的老人斑，一查竟然是陽光性的角化症。陽光性角化症以白種人較多，但在台灣地區也偶有所見，少數將來會轉變爲麟狀細胞癌。

謝旭榮說，陽光性角化症喜歡侵犯長期在戶外工作，暴露在陽光下，被紫外線傷害的人，例如農民，往往等年紀大了才出現病兆。經常在工廠接觸砷和媒焦油等物質的人，再晒太陽也可能造成。

有些先天罹患色素性乾皮症的病人對陽光很敏感，一照太陽最容易形成角化現象。

一般而言，陽光性角化症經切片未發現癌症變化，雖可局部注射針劑和塗藥控制，但爲免夜長夢多，以切除爲宜。

謝旭榮表示，老人斑在學術上稱爲脂漏性角化症，屬於良性，表面黑油突起，常被看做高壽的象徵，可是萬一把陽光性角化症也當成壽斑，不去管它，那就不太妙了。

中山醫學院附設醫院肝膽外科主治醫師何錄滄統計發現，診斷膽道結石的儀器以電腦斷層攝影掃瞄最準確，準確率高達百分之九十二。

肝膽外科在近八個月內，有二十五個膽道結石的病人，同時接受超音波、電腦斷層攝影掃瞄和經皮穿肝膽管攝影的檢查。

結果，超音波的準確率僅百分之六十五點二，電腦斷層攝影掃瞄百分之九十二，經皮穿肝膽管攝影百分之八十四。

何醫師認爲電腦斷層攝影掃瞄的診斷準確率最高，是因爲掃瞄不受骨頭和空氣的妨礙，可以「原形畢現」，唯總膽管中太小的結石可能被漏失。

超音波對診斷膽囊結石很有效，但總膽管和腸道重疊，腸內有氣體，肝臟也被肋骨擋住，所以誤診率偏高。

不過由於超音波對人體無侵襲性，既快又便宜，所以醫師在臨床上對懷疑有膽道結石的病人，把超音波列爲第一線檢查，其次才考慮用電腦斷層攝影掃瞄。

第三章　相書痣圖

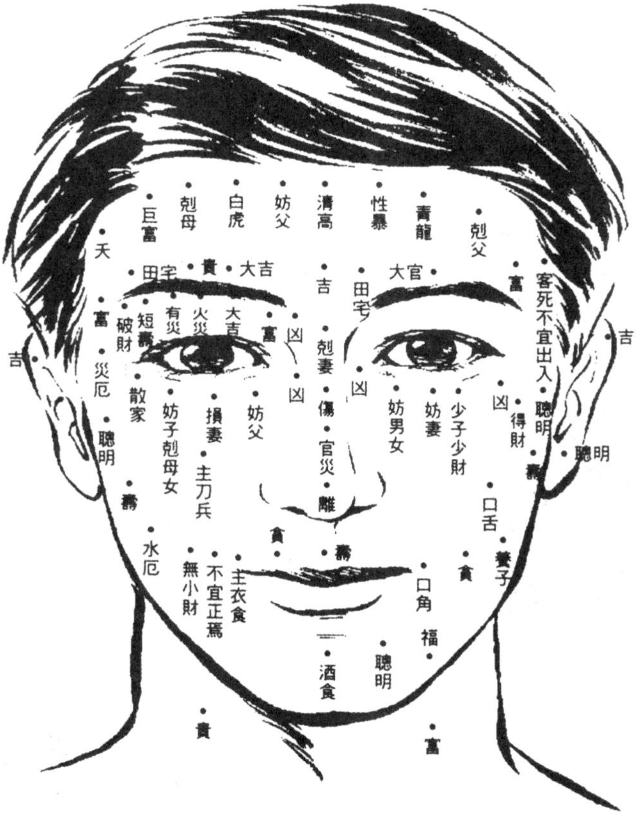

【男面痣圖】

【女面痣圖】

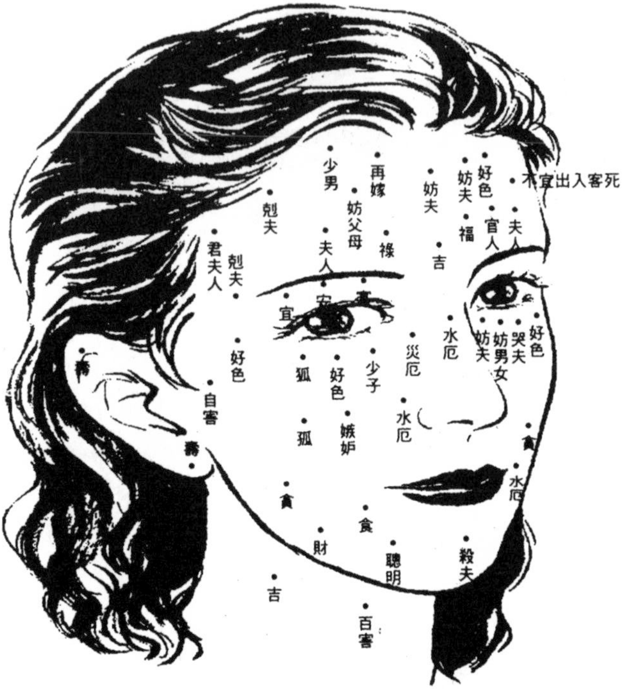

附按：

大凡相書圖示皆未得的確部位一般未熟精部位逕以爲是，或曰相術無憑，故宜審詳圖文，庶得漸知相術之神異，否則顏面一部位不逕一指，極易差之毫釐而失眞也！

【男女仰身痣圖】

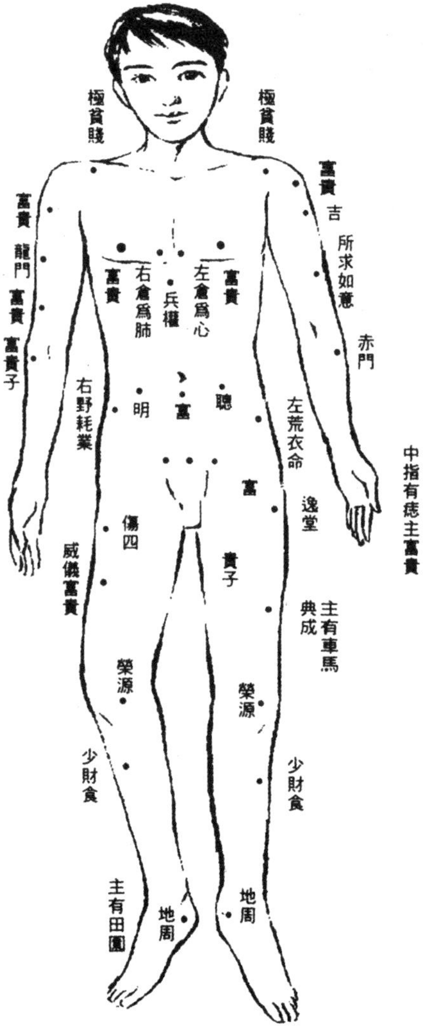
極貧賤
極貧賤
富貴
吉
富貴
龍門
富貴
富貴子
所求如意
赤門
富貴
右倉為肺
兵權
左倉為心
富貴
右野耗業
明
富
聰
左荒衣命
中指有痣主富貴
富
逸堂
傷四
威儀富貴
貴子
主有車馬
典成
榮源
榮源
少財食
少財食
主有田園
地周
地周

【男女覆身痣圖】

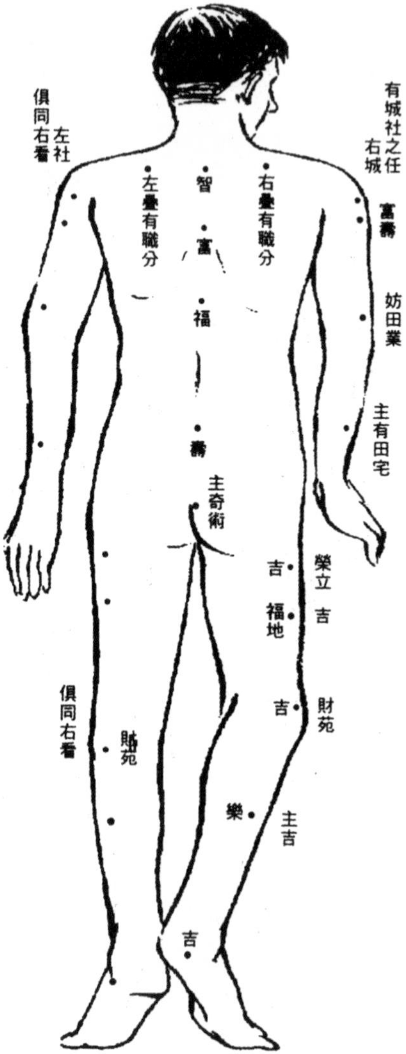

俱同右看
左社
智
左疊有職分
富
右疊有職分
有城社之任
右城
富壽
福
妨田業
主有田宅
壽
主奇術
榮立
吉
福地
吉
俱同右看
財苑
吉
財苑
樂
主吉
吉

【男女側身痣圖】

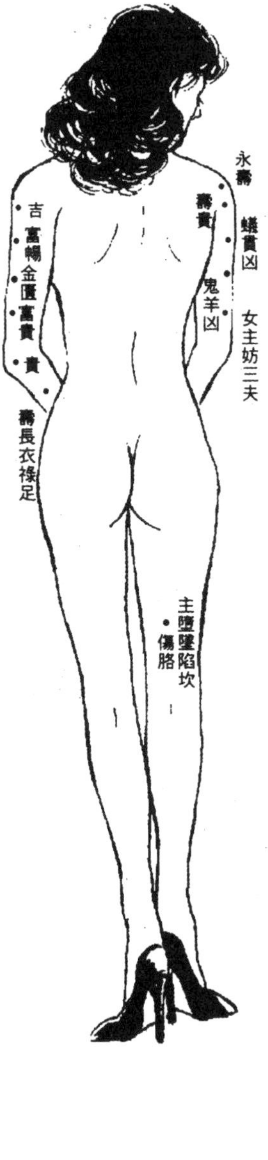
永壽
壽貴
蟻貴凶
鬼羊凶
女主妨三夫
吉
富暢
金匱
富貴
貴
壽長衣祿足
主墮墜陷坎
傷胳

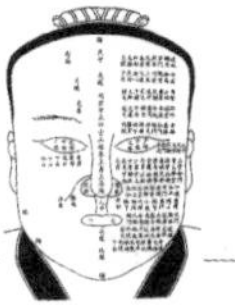

第四章　痣應概念

痣斑之出現，既有體質之因素及其弱點，因此在其相同的經絡的呼應部位也會有痣應出現，譬如左耳有痣者，在其肩端至手肘邊的相當部位也有痣，因此可以從顏面上的痣的部位而推測出其人隱藏在衣服底下的痣，中醫或針灸師並依此一道理而推衍出痣與生理健康的關係，譬如太陽穴附近有痣者，操神多思而易患偏頭痛或暈眩症，左臉頰多痣則易患肝膽之疾，右臉頰多痣則易患肺臟及呼吸器官疾病等。

在痣言痣，今且不要節外生枝，有關痣與經絡醫理不爲贅述，謹據「相理衡眞」卷八之「應痣歌訣」演繹，以使明瞭痣的互相呼應關係。

應痣歌訣曰：「額頭膝上面胸前，耳上肩端及肘邊，日後須知腰膝畔，外陽顴骨亦中連，眉頭項下須相應，腹底痣生腳下全，手上膝頭曲膝內，印堂額上背相纔，人中臍下或臍內，鼻應玉莖眞果然。」

【額頭膝上面胸前】

正面有痣胸前亦有痣

額頭有痣膝下有之

【耳上肩端及肘邊】

大抵耳上有痣，亦依耳之比例高低而在肩肘之臂畔有痣呼應。

【目後須知腰膝畔】

大抵眉目後之側面有痣如奸門有痣，約在肚臍範圍亦有之，如在天倉則高，如在耳虎海角則低之類。

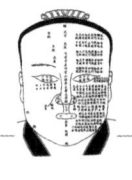

【外陽顴骨亦中連】

大抵在眼前下外陽顴骨這一部位有痣，也會在肩肘這一範唔有暗痣呼應，只是發現的部位比較多在臂的前面或內側而已。

【眉頭項下須相應】

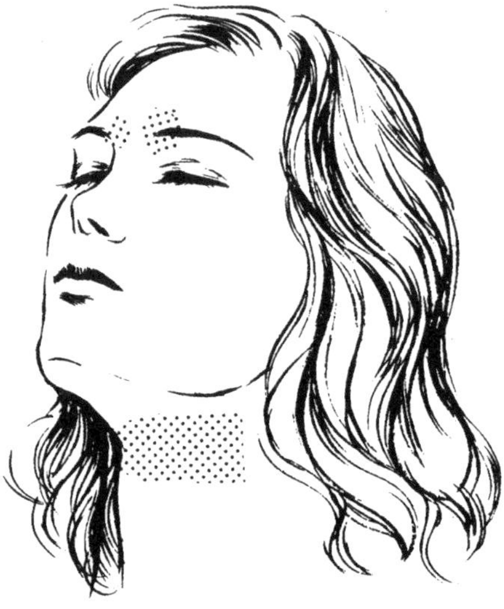

眉頭有痣，大抵在頭頦下之頸項部位發現痣來呼應。

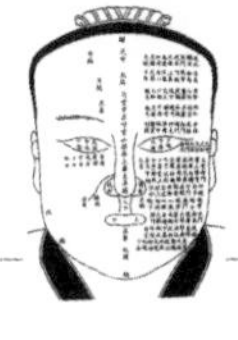

【腹底痣生腳上全】

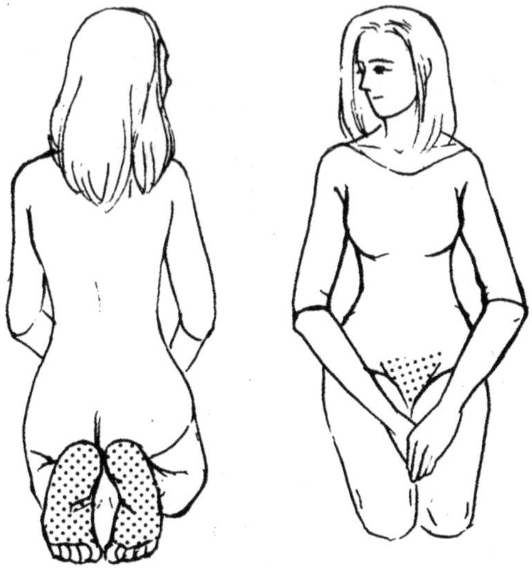

腹底有痣，於腳底亦有痣相呼應。

【手上膝頭曲膝內】

手背上的痣大約呼應於膝頭，手掌上的痣大抵相應於膝彎。

【印堂額上背相纏】

印堂額上有痣，大抵呼應於背心之相當部位。

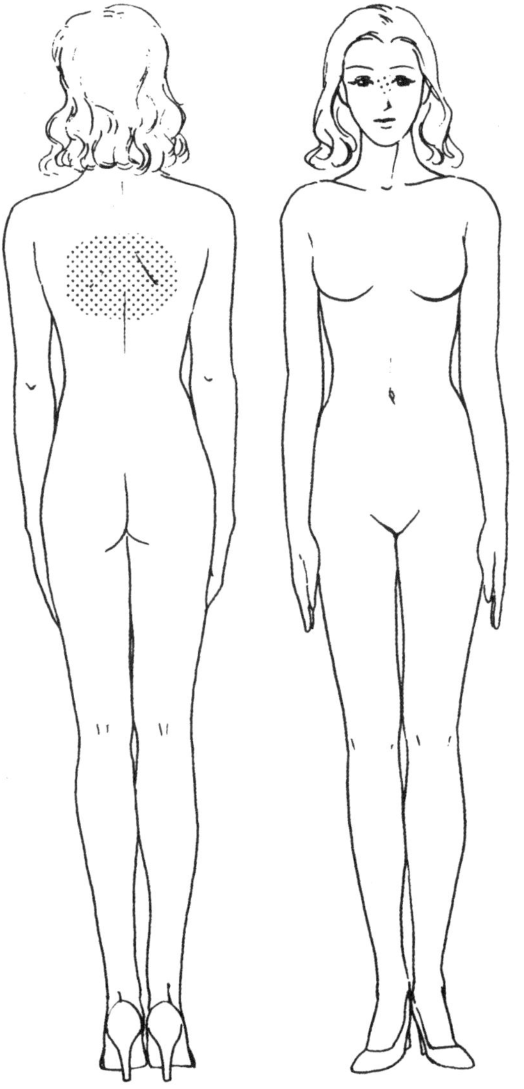

【人中臍下或臍內】

人中有痣，近鼻者，其肚臍內有痣相應，近唇者應於臍下有痣。

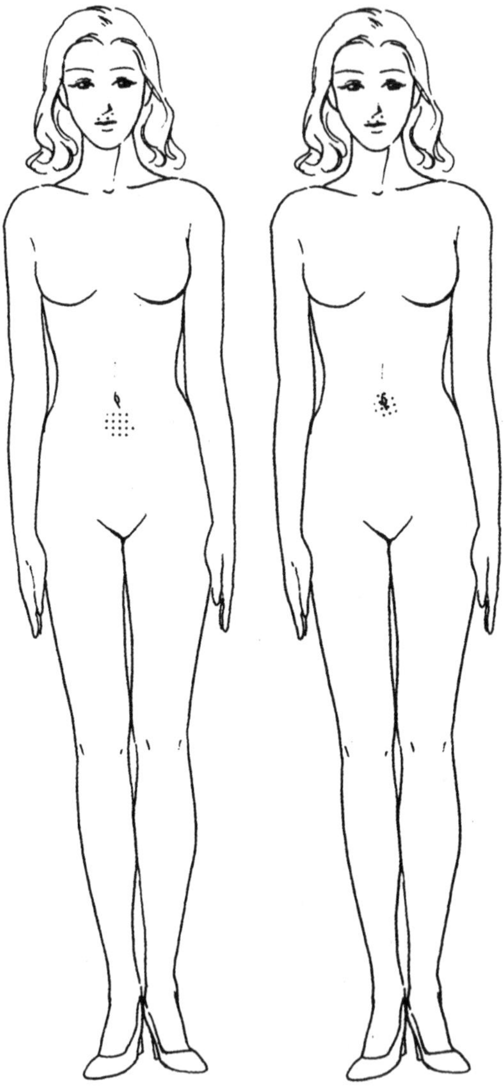

【鼻應玉莖眞果然】

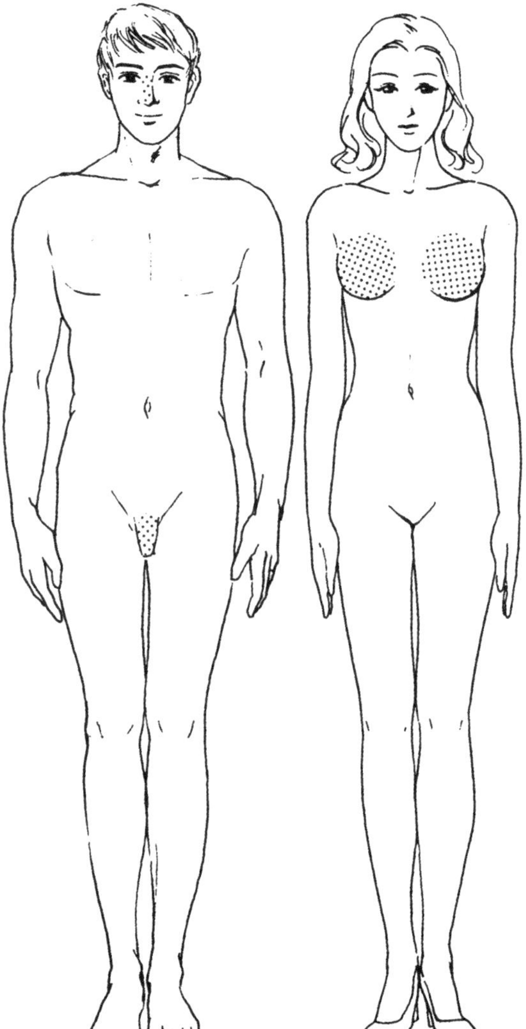

男性鼻有痣，玉莖上亦有之，女性亦然。　一説女鼻翼有痣，應於乳房，男則應睪丸。

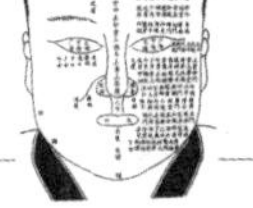

第五章　相書痣抄

第一節　黑子總論

夫痣者，苟山之生林木，地之出堆阜也。

山有美質，則生善木，以顯其秀。

地積污土，則長惡草，以示其濁。

又如璧玉之有瑕玷，是以吉者常少，惡者常多，故萬物之理無所不然，人之質美則生痣奇異，以彰其善質，濁則生痣惡濁，以表其秉賤，故漢高祖左股有七十二黑子，則見帝王之瑞相也。

凡黑痣生於顯處者，多凶；生於隱處者，多吉；生於面者，皆不利也。

痣之黑者，其色黑如漆；痣之紅者，其色紅如硃，善痣也。

帶赤色者，主口舌、爭競。

帶白色者，主憂驚、刑厄。

帶黃色者，主遺亡、失脫。

此義理之辨也。

大凡面部黑痣者，七星、五星，左富右貴；左眉主財，右眉主壽；誦堂、聽堂，主聰明；子宮五、六、七三台者，主貴子；其他皆不爲貴也。

白髮際至地閣十三部位，並不宜有，若見紋痣，行限至此，必大災、破財，甚者死亡，如男女宮有，則損男女，夫妻宮有，則損夫妻，奴僕宮有，則不得奴僕力，俱詳載於後，宜熟玩之。

第二節　痣斑提綱

相書云：

痣生得奇，反成潔玉之美。

斑出不異，且是白玉之瑕。
極目細評，辨五色之有異。
用心審察，取一痣之獨奇。

神相全編云：

天中貴位不宜居，男妨父母女妨夫。若見天庭憂市死，印堂官事或才儲。
壽上妨妻尤自得，承漿若有醉中殂。女人地閣須憂產，詔獄或見死囚拘。
橫事相妨左廂出，若臨高廣二親無。尺陽主往他鄉歿，魚尾奸門盜賊辜。
華蓋暴亡天井水，太陽官舍外陽逋。武庫主兵邊地遠，遊軍亡陣或兵誅。
或主書上憂無學，井部宜防井厄虞。小使仗堂並內閣，主無待養自區區。
不修幃帕看門閣，祖宅如生沒故廬。命門作事無終始，學館看來學豈餘。
正口囁嚅多咀嚅，帳廚妻室恐難胥。山根鼻準兼廷尉，家業飄零骨肉疏。
眼下悲啼當不絕，耳根雙出倒商途。正面所爲皆不遂，人中或有立身孤。
坑塹陂池並大海，諸方不見始安舒。擁旄仗節何由得，有痣深藏足底膚。

五彩如龍下遶臂，梁武貴妃生赤痣。七星左脅貴爲郎，未若班班七十二。

大凡痣生顯處不宜，唯其高起渾圓而有光澤美豔者爲貴善，即生顏面亦不爲惡，若痣生角或有邊緣，黑灰紅滯或其他雜色而無光彩，則又爲該生部位之障礙，至於雀卵斑點，無論男女，對於夫婦子女，不免多所刑剋，豈止好行奸詐，酷愛便宜而已哉？

雀卵斑者，主妻子難爲，作事犯重，事愛便宜。女人傷夫剋子，夭年不吉。

豆斑者，主作事犯重，極其奸詐便宜，男傷妻剋子，三度作新郎，女人有之亦如是也。

凡斑點，瘦人不宜。

人白斑黑，主人聰明好色。

人白斑黃，俱主愚賤。

瘦人年少生斑在面上、身上，主壽促。

肥人有斑，主壽。惟土形人宜斑，金木水火四形俱不宜斑。

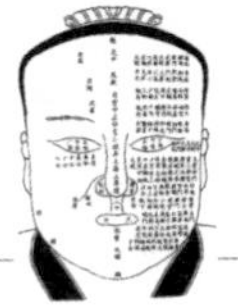

大概少年生斑，主夭，老來生斑，主壽。

大者爲斑，小者爲點，少年有點不妨，大忌斑，老來更喜斑點亦無礙。

閒人附臆：循此，痣斑爲細胞極度新陳代謝的徵兆，少年太過則壽夭，老年健旺則壽延，無論老少太過則如癌細胞之病變，亦爲不祥。凡面身上忽然生紅黑斑點數十者，近死之兆。

第三節　頭面痣神斷

夫人頭面有痣者，如黑痣生髮中者，富貴，近上者，尤極貴。

額上有七星者，大貴。

天中妨父。

天庭妨母。

司空主妨父母。

印堂當中，主貴。又主管事，須細辨其形色。

兩耳輪上，主聰慧。

耳內，主壽。

耳珠上，主財。

耳根有黑痣，主道路中死。

元珠有痣者，主孝子。

眉中，主富貴。

目上，主窮困。

眼弦上，主作賊。

眼下有黑痣、白淚痣，主哭泣不止。

夫座，主夫喪。

妻座，主喪妻。

長男，主剋長子。

中男，主剋中子。

少男，主剋三子。

兩顴骨面生黑子者，居官失職，必破財。

山根上，主剋害。

山根下，主兵死。

鼻側，病苦死。

鼻頭上，妨害、刀厄。

鼻梁，迍蹇多滯。

人中，主求婦易。

法令有黶，左損父，右損母。

唇上，主吉。

正口，言取禍。

口側，聚則難。

口中，主酒食。

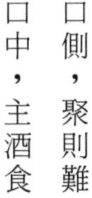

舌上，主虛言。

唇畔，主破財。

唇下，主破財。

山林、壽上，皆主刑妻。

人中黑子，則養螟蛉。

眉上、目上、年上，主窮困。

口角，主是非，主失職。

承漿，主醉死。

左廂，主橫夭。

高廣，妨二親。

尺陽，主客死。

輔角，主兵亡，主貧下。

邊地，主外死。

武庫，主兵死。

山林，主離傷，主蟲傷。

虎角，主軍亡。

劫門，主弓箭死。

青路，主客道死。

太陽，主大婦吉。

魚尾，主市井亡。

奸門，主刀刃死。

天井，主水厄。

元中，主清情。

金匱，主破財。

上墓，主無職。

命門，主火厄。

僕使，主爲賊。

書上，主無職。

學堂（又名玉堂），主無學。

嬰門，主肌寒。

小使，主貧薄。

妓堂，主剋妻。

外宅，主無屋。

奴婢，主無奴婢。

坑塹，主落崖。

陂池，主溺水。

墓上，主客亡（或作匱上，主客亡）。

三陽，主剋子孫。

盜部，主姦竊。

細廚，主乏食。

祖宅，主移居。

大海，主水厄。

年上，主困貧。

地閣，主少田宅。女人更忌防產難。

刑獄，主刑厄、破散。

凡面多斑點，少年不吉，老為壽斑，有黑點而不成痣者，為雀卵斑（俗稱雀斑），與痣同斷，其應事淺。

痣粒愈大，象徵力亦增強，圓形主貴，淺淡者鴻運當頭，痣頭生長髮毛較短者財富，痣粒光滑逢凶化吉。

第四節　身體上下痣神斷

兩肘近上，謂之死門，主病厄。

兩肘內近下，謂之臂壘，主富有。

兩肘挾，主富財。

兩肘頭，主災厄。

兩臂屈交中，謂之後收，主技巧。近腕謂之前收，主伎巧。

兩肘下，謂之金匱，主富，並好道釋。兩肘外謂之城社，主貴。

兩曲池穴外，謂之神庭，主妄邪。

兩曲池穴裏，關骨上，謂之盜部，主被盜。

兩臂外，謂之厄門，主刀刃亡。

兩手堂，主富貴。兩手背，主才巧，亦主生財。

兩手臂，主生財。右臂痣，事業成功。兩臂上者，主有財穀。

兩腿上福府，主驅使奴婢。

兩腿後，謂之德庭，主福德相。

兩曲膝後，謂之財苑，主牛馬七畜。

兩膝骨上，謂之威揚，主得名威勢（或作兩跨骨上下謂之有威勢）。

兩膝頭上，謂之王府，主蓄積財帛。

兩足膞骨上，謂之榮源，主奔波勞苦。

兩足底下，謂之寶藏，主封侯伯。

足指間，謂之外庫，主多僕使。

兩乳上，謂之男女宮，主男女多（兩乳中謂之男女宮，主宜男女）。

兩乳下，謂之左右庫，主積聚金帛（兩乳上謂之左右倉，主積財穀）。

兩乳當心，謂之福穴，主福壽而安樂（福穴或稱「福苑」）。

心窩上謂之靈穴，主智慧兵權。

臍中謂之龍關，主福智，生貴子。

臍下兩傍，謂之左右野，主貴而且樂。

咽喉下，近上者，謂之天柱，主得人提攜，近下者，主傷死。

頂上謂之勢源，主有威權之吉。

胸部左右痣，大財。婦女胸口痣，愛情專一。

胸後骨上，謂之壽堂，主多壽。

腰當中心，謂之大海，主守管邊庭不返。

兩臂上謂之崇邱，多主產業而貴。

兩肩上者，貧苦。

兩肩前者，主人性淫。

兩肩後者，主有財穀。

背部痣，好友樂交。

臍黑痣，食祿萬鍾。

龜頭痣，主壽。

陰有黑子，主貴。

臍下痣，懶怠。

兩耳後痣，闖禍。

兩腋下謂之金匱，主富。

兩腋畔，謂之絲堂，主蠶桑。

兩膝上，謂之王府，主蓄財帛。

兩謙（腰左右虛肉處。凡畜腰後窊處曰賺窩。）刃骨上，謂之勞源，主奔波勞苦。（按：此約當座骨之兩側，與相理衡眞相異。）

兩腳底謂之寶藏，主封侯伯。

足指間，謂之外庫，主多僕相也。

腹橫紋兩傍，謂之逸堂，主性閒雅，富貴快樂。

腦後骨上，謂之壽堂，主多壽考。

第五節　痣抄補遺

男面痣圖（見19頁）。

女面痣圖（見20頁）。

痣若山林峰仞，不可不高

凡高者爲痣，平者爲點，青黃者爲斑。

凡斑點不宜生面孔上，書云：「面多斑點，恐非壽考之人。」正謂此也，在面爲顯痣在身爲隱痣，俱宜有毫，如山林有草木方妙。

背主衣冠。

胸主智。

肚主衣祿。

腹主貴。

黑如墨，赤如硃，硬如高者，方貴，中平小貴，色鮮還未遇，色暗已過了，軟者不過些小而已。

腰圓生七黑子，俱有毫，主玉帶（顯貴）。

男鼻生斑點，招妻、喪命、亡家。

女面斑、鼻小、身輕、腳重爲侍妾。

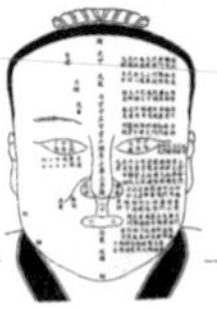

耳間生黑子，常招水驚，在本命不妨。
眉生黑子，招陰人口舌，又生水厄。
男眼中有痣，主聰明。
女眼中有痣，主淫亂。
痣上有毛，定是俊豪。
女面不宜有痣，獨天倉生痣，主生四子。
少年皮生黑斑，主死。
老人生斑為壽斑，黃黑方好，平黃主窮。
山林得一痣，主得人財。
痣上生雙毫，主生貴子。
眩上有小黑子，主生貴子。
肉瘤紅色者佳，白色者不好，生背後主富，然亦不長久。
面上生瘤，主窮；下身生瘤，主賤。

面生黑子，宜大，宜高，主貴；若低小，不壽。

麻衣相術云：

魚尾黑痣斜紋，外情好而心多淫慾。

眉中黑子者，聰貴而賢。

兩眼胞下痣分明，家有食糧僧道人。

左眼直下還上痣，封侯伯子至公卿。

人中上有黑痣者，多子；下有黑痣者，多女；中有黑痣者，養兒難；有兩黑子者，雙生。

口有黑痣者，主酒食。

黑子當唇，藥毒類。

舌上有黑子者，言談虛僞。

耳有黑子，生貴子，主聰明。

痣出領前，以言取禍（左頸痣之謂也。）

痣在陽物（按：陽物指鼻也，鼻痣應玉莖，玉莖陽物也。）眉間，青白交加，作事成而無敗。

準頭一點上侵壽，回祿須防。

女面麻，忌口有鬚者，時黃時黑，則人通。

印堂若生理痣，他鄉死。

掌中當心生黑子者，智而富。

手背明堂（手背心也）有異紋黑子者，主才藝高貴。

足下有黑子者，食祿。

足排三痣者，兩省之權。

足下有黑痣，富貴賢士。

足生黑子，英雄獨壓萬人。

耳根黑子，倒死路旁。

部位伶俐，自然無禍無災，紋痣交加，到底有嗟有怨。

山根黑子，若無宿疾必刑夫。

第六章　髮中痣相困難研判

書云：「頂上謂之勢源，髮中近頂有痣，主有威權。」考之頂生黑子，本人不自知，必幼小為父母發現告之，否則親如夫妻亦難發現，如待頭髮疏禿而見，年已知命，一生大抵底定，自不必再論吉凶，故古書雖有頂上謂之勢源之說，亦只聊備待考而已，故大部分痣書捨而不備。

且如吾人熟知頭髮披覆下之大小腦各部位功能，或可以推臆而成理論以為考證，奈日常生活瑣碎，未克及此，或見書云：「黑痣生髮中，謂之髮中隱玉，主貴。」或不盡以為貴，故後列圖示，不可盡信，聊博玩味參考而已——

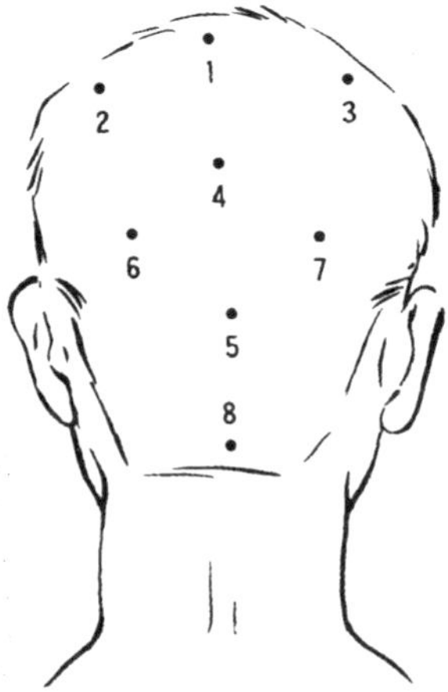

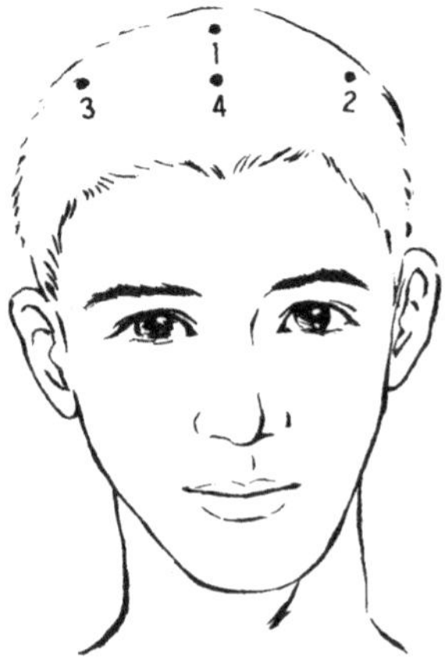

【前腦痣圖】

(1)頂天：主榮華，威權。
(2)左丞：主聰智，博學。
(3)右相：主精明，益算。
(4)前哲：主智慧，哲學。

【後腦痣圖】

(1)頂天　(2)左丞　(3)右相
(4)後賢：主賢才，能幹。
(5)計精：主機智，計多。
(6)養子：主二姓過房。
(7)寄子：主隨母再嫁。
(8)孤兒：主早失怙恃。

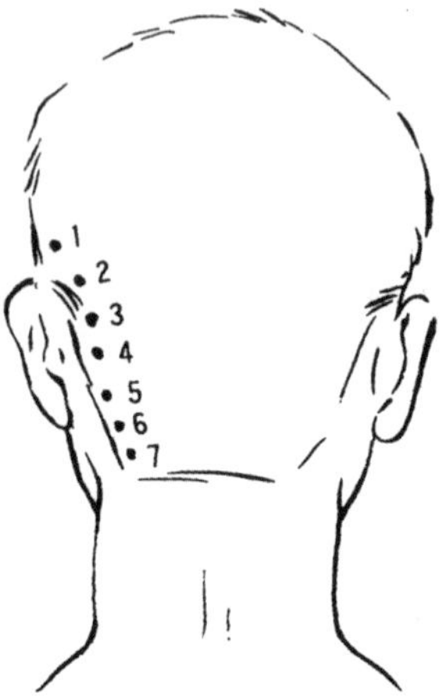

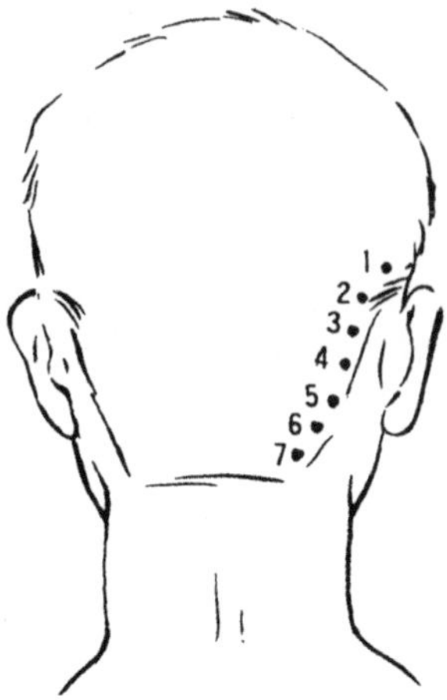

【左後腦痣圖】

(1) 招風

(2) 聳聽

(3) 不聽

(4) 少聞

(5) 失意

(6) 惡狠

(7) 吊死

【右後腦痣圖】

(1) 遠聽

(2) 順風

(3) 喪覺

(4) 順耳

(5) 大心

(6) 早死

(7) 短命

第七章　顏面痣相

尋觀痣斑雖爲相術之末端，苟能先精習相術而再習痣斑，則痣斑之徵兆明顯而便利觀察，一則可以自爲觀察痣斑與生理健康之關係，一則可以取捨審辨相書之正謬，進而可以爲痣斑相術作爲踏上專門學術的里程碑。

人之顏面胴體四肢各有名稱，相術更爲取用部位術語，假使不能確定痣斑部位，即有或應，亦只碰巧而已，故必先確定部位而有以爲驗證。

因之欲相顏面顯痣，必先知古賢者相法之區分顏面十三部位而細分二百五十七分部位，每一分部位所佔顏面面積、寬狹、大小不等，而左右對稱分部位術名相同，所謂顏面一百三十五分位，自天中至地閣共十三部位爲依據，餘者各依部位橫列而後之，是必先知顏面部位而能相面相痣也。

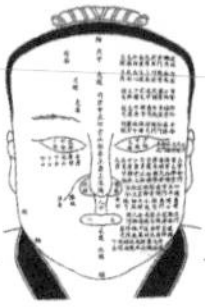

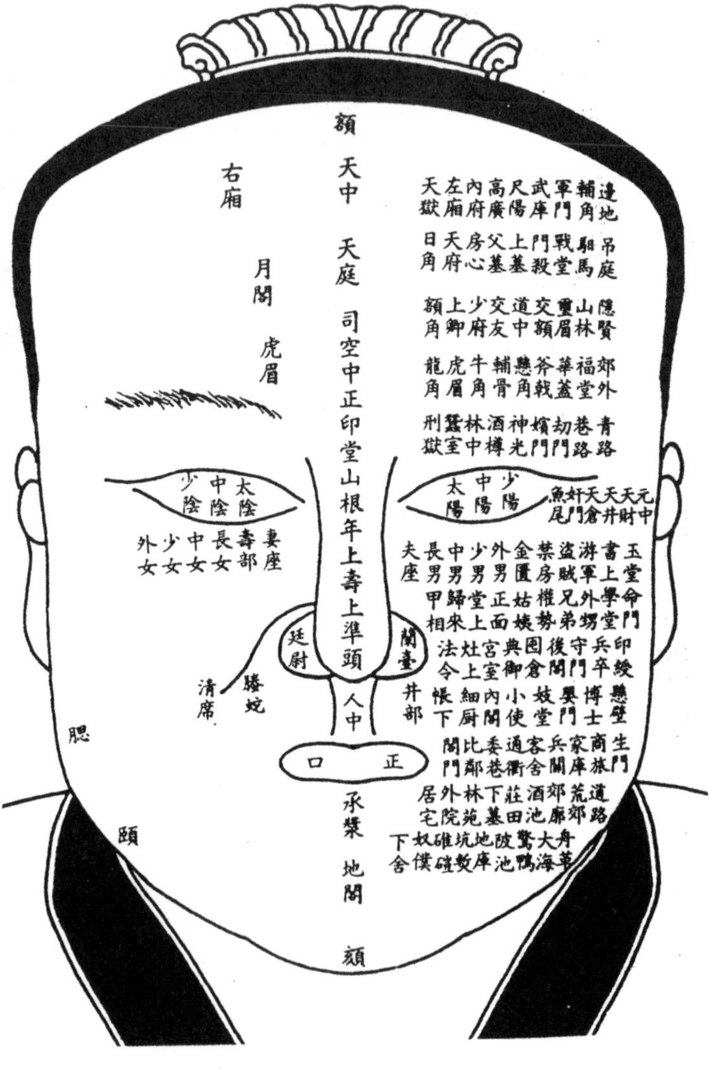
額
天中
天庭
司空
中正
印堂
山根
年上
壽上
準頭
人中
口
正
承漿
地閣
頦
右廂
月閣
虎眉
少陰 中陰 太陰
妻座 壽部 長女 中女 少女 外女
廷尉
騰蛇
清席
腮
頤
蘭臺
井部
邊地 輔角 軍門 武庫 尺陽 高廣 內府 左廂 天獄
吊庭 驛馬 戰堂 門殺 上墓 父墓 房心 天府 日角
隱賢 山林 靈眉 交額 道中 交友 少府 上卿 額角
郊外 福堂 華蓋 斧戟 懸角 輔骨 牛角 虎眉 龍角
青路 巷路 劫門 嬪門 神光 酒樽 林中 蠶室 刑獄
少陽 中陽 太陽
元中 天財 天井 天倉 奸門 魚尾
玉堂 書上 游軍 盜賊 禁房 金匱 外男 少男 中男 長男 夫座
命門 學堂 外甥 兄弟 權勢 姑姨 正面 堂上 歸來 甲相
印綬 兵卒 守門 後閣 典御 宮室 灶上 法令
懸壁 博士 嬰門 妓堂 小使 內閣 細廚 帳下
生門 商旅 家庫 兵闌 客舍 通衢 委巷 比鄰 閭門
道路 荒郊 郊廓 酒池 莊田 下墓 林苑 外院 居宅
舟車 大海 鵞鴨 陂池 地庫 坑塹 碓磑 奴僕 下舍

第一節　天中部位痣相

詩云：

稜稜骨起在天中，高廣豐隆武庫同，不怕在朝官職小，他年猶可作三公。

高廣分明武庫清，兵權萬里有威名，
微微黃色軍謀勝，建立大功奏凱榮。
骨生髮際左廂連，爲仕爲儒名利全，
窘乏英雄終可達，不須囊橐有餘錢。
天中黑痣及飛紋，富貴功名不問君，
若見痣痕缺陷者，可憐一世枉勞筋。

天中部位橫列十分位訣云：

第一中天對天岳，左廂內府相聯續，
高廣尺陽武庫同，軍門輔角邊地樂。

書云：

天中貴位不宜居，男妨父母女妨夫。

橫事相妨左廂出，若臨高廣二親無。

尺陽主往他鄉歿，武庫主兵邊地遠。

斷訣曰：

1. 天中爲貴之主宰，又主通達。高起者初年出官，平滿者宜遠行有官祿，骨起者主富貴，缺陷者主無用地，又主刑獄死潤。平吉一生不犯典刑，骨起如筋大有稜，合爲國師近聖人貴至三品。黑子主剋父母，瘢紋主母死，天中骨起至枕骨，主五品下六品。

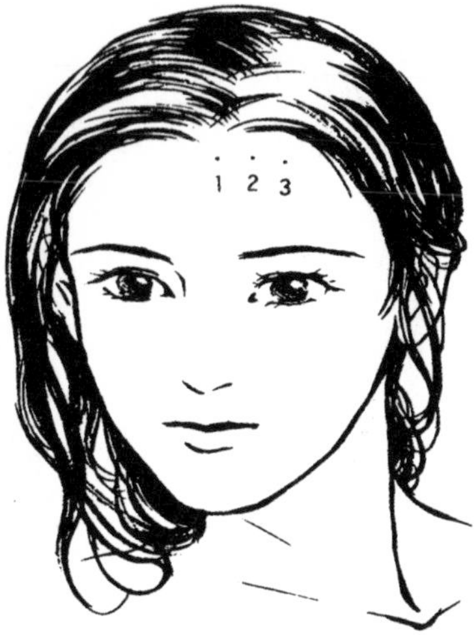

2. 天岳一名訟獄，主刑死。平滿者不犯刑獄，缺陷及色惡者多遭獄厄。

3. 左廂主丞相，平滿者一生吉利，骨起爲伏犀骨主祿二千石，連上者爲宰輔骨肉，相稱白衣拜相，缺陷破壞者亦主災厄，有黑痣者主橫事。

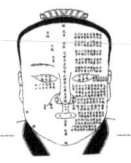

4.內府主金玉財帛骨肉。平滿者家累珠玉，主仁孝。缺陷者經營貧苦，破壞者不宜興敗，黑痣少喪父母，百合骨起邊塞之將，高聳者大貴。

5.高廣驛馬骨起封侯大貴，有黑痣剋父母。

6.尺陽主郡佐之官，骨肉豐起任佐之職，缺陷者任官罷職，又云豐厚主官祿，缺陷斑紋凶，有痣客死他鄉。

7.武庫主田兵一名軍門，主兵職之位。武庫乃兵威之部，或骨直而豐厚即其眞也。若生黑痣及瘢紋者，雖任兵權恐不善死。骨起主爲上將，骨肉起者宜任官兵。若見斑痕缺陷者，不宜任此職，亦主從軍敗亡。有黑子主兵權亦主兵死，赤色主鬥傷。

8.軍門主兵官之職，所以傍武庫斷同前。

9.輔角主郡守之位，骨起能文案合爲大尹，骨起而色明好者，主任藩撫一名弓弩。有黑痣主兵死，無痣略微黑者主亡官失職，亦主殺戮，赤色主暴病或官職爭競，輔骨大即官職大，骨小即官職小，無骨不可求官。

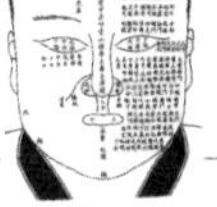

10.邊地主邊郡之職，亦主遠行吉凶。豐起者佳有骨起爲侍郎，給事中書舍人，黃色主三品之貴，稜起主護御之權，隆高貴或武職法司，赤氣如刀劍紋武職因功進爵，文則守邊城之職。赤色如雲行日出主遠動之兆，陷凹爲僕使。有黑痣者販遠千里，有黑子而色惡者不近男女，皆主客亡。

賦曰：天中骨起身必衣紫腰金，左廂接連方可爲卿作相，內府高旋須當平滿，而得佐任之職，尺陽武庫若能豐厚乃分兵戍之官，輔角崢嶸郡守鎮轄關疆，骨插邊庭威武名揚中外。

第二節　天庭部位痣相

詩云：

天庭矗矗豎奇峰，穩步蟾宮拜九重，
功名若也分高下，地閣蘭庭放不鬆。
龍虎日月角崢嶸，相貌無情總有情，

審得五官相應處，看他何日上雲程。

天府房心看宦途，名利也可問榮枯，紅黃骨起爲師傅，暗滯濛濛任僕夫。

墓塚分明後代昌，乾枯色慘堪嘆傷，吉凶鬥陣憑何部，駟馬之中交戰亡。

天庭部位橫列十分位訣云：

第二天庭連日角，天府房心父墓約，上墓四殺戰堂前，駟馬吊庭分善惡。

書云：

若見天庭憂市死。

賦曰：

天庭高廣少年富貴可期，日月角明終身榮華不謬，天庭骨起至玉枕乃極品官，日月角近映珠庭非庸凡相，身拜丹墀蓋是天府，房心骨起而色澤名登忠册，只爲戰堂驛馬立壁而紅黃。

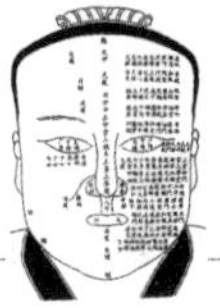

斷訣曰：

1.天庭主貴品之部，骨起主官祿。若骨起兩邊日月角應之必任宰相，起至枕骨者四品下五品，光明者貴，黑子缺陷主刑厄，一名天牢出貴人之牢，亦名鴻臚寺，赤名四考館。骨陷色惡諸事少利，青氣者凶。不聳不削者貴，溫潤有光主五十日遷調遠方，骨起紅潤者丞相之位。

2.日角主公使之位，充滿洪直骨肉起者主侍御。又云日月角爲父級，宮骨起主大貴。

3.天府一名王府，主入朝否泰。是故天府枯燥，有官無道。

4.房心主師傅之道。骨起者爲人之師，骨起而黃色光澤者徵爲國體。又云：左文右武，如日角圓起主爲國師。

5.父墓左右主父母之位。骨肉起之大貴蔭襲子孫，光澤者子孫滿堂，豊滿父母得力，破陷黑子必傷。

6.上墓左右主父母之墳墓吉凶，黑子缺陷枯燥者，父母不合葬或遷移不吉。

7.四殺主守邊方之將。四時殺害之事，骨起主節度使，平滿光澤一生無虧。

8.戰堂主爭戰之事。骨起爲駉騎將軍節度副使，行軍司馬之位。色好平滿者戰勝，色惡斑駁戰不得還，缺陷兵死。

9.驛馬主乘騎之事，邊地之側吊庭之隅緊要之部。欲光滿如立壁主監司五品之職，或有蹇剝，則驗其破敗紋理色澤乘馬吉，缺陷者無驛馬之祿，色惡者乘馬有厄。若有急使須看兩邊駉馬氣色如何，有則動紅黃吉，黑起主財帛有失，紫氣三七日主進僕馬，青黑貫之在外不利，骨肉起者多獲財吉。

10.吊庭主喪服之事。吊庭白如梨花父母死，若微白主外服。有黑痣者主哀哭，色青名催棺殺自厄。

第三節　司空部位痣相

書云：

司空骨起上天庭，直上朝堂掌五刑，額角崢嶸懸日月，少年得志姓名馨。

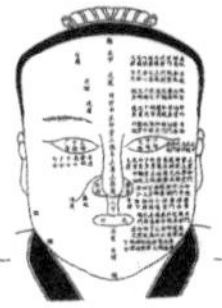

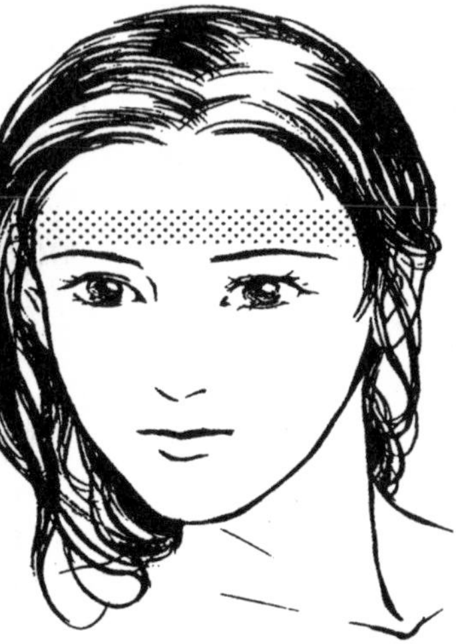

上卿少府府卿宮，骨起稜稜萬里寬，
缺陷應知無位者，朦朧惡色保身難。
交友位中骨起強，瑩然氣色淡紅黃，
平生知遇如金石，管鮑而今姓氏揚。
山林骨起志薰陶，遇得神仙造化高，
明潤榮華紋痣苦，紅黃遠映任翺翔。
司空部位橫列十分位訣：
第三司空額角前，上卿少府位相連，
交友道中交額位，重眉山林看隱賢。
書云：
司空主妨父母，日月角缺陷者尤。
賦曰：
司空骨高位登刺史，額角峰起應作公卿少府上卿，骨隆起而徵貴人之兆，交友道上色紅黃而得邂逅之交，山林廣豊論居處多般清逸，江黃臨位在山岡必遇神仙。

斷訣云：

1.司空一名司徒，主天官三公之部。骨起者貴，主刺史員外郎省舍人之位，骨起光澤者當三公九卿，骨起至玉枕者二品下三品，惡色者多驚恐。又云：司空切忌

紋破，紋侵者不貴，黑痣者不吉，赤氣貫於印堂，主一百日之內凶死。

2.額角主公卿之位，骨起司徒太傅之位。又云：骨起爲公卿，色紅黃者大吉，黑色主惡死，額角赤色如豆主刀兵死。

3.上卿主九卿侍御舍人，又主正卿之位亦主家卿。骨起而當光澤爲官必親御座，赤主橫死，缺陷主無官，色惡離家。

4.少府主府寺之位，骨肉起主任府寺之職，色惡有官主失職，右府黃色貴人徵召不出季月之應。

5.交友主朋友之位。骨肉起及黃色者交友輔強，缺陷者一生寡交。色惡與朋友爭競，色青白者外婦相愛私通，色赤外婦求離。

6.道中主行路之位亦名衡上。骨起一生在道上安泰，平滿主一生不出門庭，缺陷及色如馬肝者，主客死道傍。

7.交額主福祿之位。骨起及色好者主有福祿大貴，黑痣及缺陷色惡者皆主貧苦。

8.重眉主勇健之位。知人勇而有力也，骨起主小貴，猛如狼虎性行不常，缺陷色惡主貧賤。

9.眉中主脩行之路。骨起者得遇仙道。

10.山林主山野之象又主富貴畜牧。骨起橫接司空州牧之位，骨起山林必遇神仙，一名崖色開則主貴，狹則主貧破，女人至賤。光澤主有山林之利，色惡主出外為狼虎所食。有黑痣者入山林主被毒蟲之傷，此位看兵馬強壯，凡色黑者凶。

11. 隱賢主遇聖賢隱逸高人，色明者吉。

第四節　中正部位痣相

詩云：

中正穹窿位九卿，籍他龍角往高擎，
一官一職須詳此，缺陷有虧骨起榮。
虎眉輔骨見嵯峨，奴僕成群著錦羅，
他日封侯人不識，原來兩目似清波。
斧戟之名廣武夫，豐隆骨肉鎮荒衢。
紅黃歸位遷官職，要主兵權亦可圖。
福堂峻聳少憂愁，曲陷低斜禍不休，

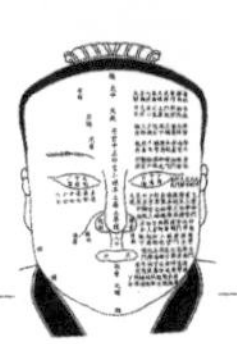

青黑來時嗟命苦，任他俊傑力難周。

中正部位橫列十分位訣：

第四中正接龍角，虎眉牛角及輔骨，

懸角斧戟幷華蓋，福堂郊外嫌色惡。

書云：

中正主失職，即有職猶虛。

賦曰：

中正骨起有官有位之人，龍角插天爲輔爲弼之將，虎眉凸露連牛角，保社稷以無危輔，骨嵯峨向元角，護山川而水固，斧戟隆起有勇職，而兼兵權之佐。華蓋骨聳至玉枕而主小貴之榮，福堂高而明潤早年發解，郊外潤而色澤任君遠遊。

斷訣曰：

1. 中正主郡僚之事，詳品人物之司亦主官位。骨起者貴主司馬，骨起至玉枕者二品下三品，骨起而色潤澤者主官職，缺陷者無職。有如祥雲橫貫者主秋拜，應六十九十日。有青龍角起者，主遷官職。

2.龍角主權貴之位又名蟠角。有骨肉端美眉上，稜稜如龍角起者其職必顯赫，亦且蔭及子孫。若豐隆官居八座，女人亦貴，紅黃色貫則恩寵有賜，色惡不吉。

3.虎眉主將帥之位。骨肉起者當主兵權，豐起將軍之相，光明者吉。一名疑路主出行之象，色好宜行，色惡慎出，有黑痣不吉。

4.牛角主權貴之位，又主統帥亦名羊角。凡角名者皆貴相也。骨起者必爲將軍，骨肉起如角者侯伯之權。

5.輔骨主職制之位，輔犀骨起封侯一品之貴，骨大者職大，骨小者職小，缺陷者無官。

6.懸角主吉祿之位。骨起主三品卿大夫，貴或色黃者七十日內主三公卿相，天下統帥。骨起有角者食祿，無角者不可求官。

7.斧戟主兵器之任又主武勇職役。骨肉起者有兵權，色好者主武選及第，缺陷而色惡者兵厄。

8.華蓋主邪正之事。骨起至枕富貴九品下，小貴此等骨皆有稜利。以手捫之隱隱然似刀背，主官祿亦名厄門，主鬼神之事，色惡及黑痣者，主暴死，如枯者主經商消拆。

9.福堂主福祿之事。在兩眉之上華蓋之傍，豊厚者有官職無災，有壽。骨起者主三品，明潤色紅者主常有吉慶，狹薄者貧夭無官主遭橫災。

10.郊外主行路之事又主郊野。骨起三品卿大夫貴，發惡色不可遠行，有肉一生不可出遊，黑痣缺陷者主他鄉死。

第五節　印堂部位痣相

詩云：

印堂瑩淨稱心懷，紋痣旁生氣運乖，刑獄不宜青慘色，平空恐怕惹豺狼。

林中豊蔚好參禪，閃閃神光必近仙，
若個道心眞決烈，三生有幸是前緣。
嬪門之位看妻宮，怕有痣痕雜此中，
悔吝吉凶憑我斷，奸門魚尾總相同。
劫門最忌黑青臨，還恐巷中兩路侵，
金匱若無塵垢色，勸君不必起愁心。
印堂圓位橫列十分位訣：
第五印堂刑獄起，相接蠶室林中紀，酒樽神光及嬪門，劫門巷路青路裏。
書云：
印堂官事或才儲。
賦曰：
印堂開闊性聰敏，而福命堪誇刑獄，光明多吉慶，而訟厄何有？

蠶室宜平光澤，酒樽忌其朦朧，林中平滿可期，禪宗佛路精舍。骨起乃號道骨仙風，嬪門暗慘實爲妻妾之愁，煩劫門黑侵且看巷路之明滯。

斷訣曰：

1.印堂爲一面之表內應於心，則曰君主之官神明出焉。眼清則謀慮正，耳聰則技巧明，鼻隆則名節高，口方則倉廩實，印堂方瑩則神明異矣，主重符之位。亦名闕庭掌重符之官，亦主印綬官祿印。方寸起而光瑩者祿二千石，方寸平而靜者三品任官旁，有黑痣瘢痕皆不吉，主因財官事。明潤有官祿，青氣不吉，川字紋剋妻，平如鏡面者富貴雙全，紋亂橫凶。

2.刑獄主刑厄之事，又名額路亦名交鎖，主家事亦名家獄。色惡主訟厄，平滿潤澤者一生不犯徒囚，色常不潔者主多憂，缺陷者惡死。

3.蠶室主女宮之事。平滿光澤者家內宜蠶女人貞潔，缺陷者無田蠶，色惡者事不良。

4.林中主仙道之位，平滿色澤者禪慧有成。

5.酒樽主酒肉。色惡者主因酒敗事。

6.神光有骨隆起直入髮際曰仙風道骨，主脩養好慕神仙人也。

7.嬪門主嬪宮之位，又主妻位。色好妻無災，缺陷者妻懶惰，色惡者妻多病，乾枯者妻多臥枕，色紅潤者主妻喜慶。

8.劫門主劫賊之位。骨肉起色好者永不被盜，有黑痣者常被盜，發惡色主劫賊至。

9.巷路主私路出入之位。色潤瑩好者出入則吉，色惡者不宜出入主有危厄。

10.青路主公路出入之位。色靜者出入則獲福，色惡出入則凶。

第六節　山根部位痣相

詩云：

山根不斷得妻賢，斷拆多危病鬼纏，紋痣一生刑剋早，他年碌碌事難全。

日月光明百事亨，陰陽昏暗累愁情，有神有力人多福，發越來時看運程。

奸門一位是妻宮，魚尾詳明理亦同，

光潤家中多迪吉，亂紋侵位慮姑翁。

天倉天井應生財，明郎天門喜慶來，

若問元中凶吉處，一條道路是仙胎。

山根部位橫列九分位訣：

第六山根對太陽，中陽少陽太陰望，

魚尾奸門天倉接，天井天門元中藏。

書云：

山根鼻準兼廷尉，家業飄零骨肉疏，魚尾奸門盜賊辜。

賦曰：

山根見伏犀而扶搖聳直，定躍三級於禹門。太陽並太陰光明而皎潔，必佐九泉於堯殿。魚尾評妻妾之悲歡，天倉爲遷移之迪吉，天井相財帛論其否泰，天門應吉祥驗其時日，氣明朗而事順，

色暗慘而身危，元中乃脩佛成仙之路，黃明定超凡入聖之程。

斷訣曰：

1. 山根主有勢力，又主兄弟田宅根基婚姻事。斷絕主多危無兄弟，窄狹而低者主孤貧，要豐滿上接中正。缺陷黑痣紋理隔斷皆主不吉，行限至此有災破財。鼻上一名玉衡又名延中，或有奇骨伏起者皆招國親之喜，但玉衡上侵則朝

野聞名，若陷窪則情淺識露謀事少成，山根連鼻樑豐隆而起與額平者，位至三公或骨起如釵股樣，主大將軍之位。

2.太陽中陽少陽、太陰中陰少陰，眼目也，皆宜黑多白少。精華有彩瞻視有力，富貴壽考之相，若詳論有專條眼下。左爲三陽右爲三陰，又名子位又爲男女宮。三陽三陰肥起光澤者吉，如臥蠶多者子孫吉，黃氣主有陰德，濟人無憂白眼黑主病，赤主子女口舌，眼下枯黑及羅網紋多行惡事，絕嗣老年孤獨。奸門又名妻位。光澤有肉主妻賢及外家福祿，有紋理相交主淫蕩，有白色亦主外通。氣色紅黃光華，主得美婦。乾枯主剋妻子，外家十字叉字紋者，主妻自縊。

3.魚尾同上斷。

4.天倉主出入之所又主貧富。宜豐滿明潤則富貴壽考無疑。

5.天井主財帛之位。平滿者富有，黑痣者主厄。

6.天門主開闢吉祥之事。發好色有吉慶之兆，色惡主婦人爭訟，天門骨開，得四方朋友及兄弟姊妹之力。

7.元中主脩行之路。在天門之後近耳有黑痣者，不可出家主虛設而無成，開闊主脩行有成。

第七節　年上部位痣相

詩云：

年上光明氣色華，胸無荊棘樂亨嘉，
壽齡必得災厄少，福履悠悠事業奢。
左看夫宮右看妻，豐隆色澤笑蘭閨，
有紋有痣重刑剋，伉儷何曾得兩齊。
男女有無看子宮，兒孫環列子宮豐，
紅黃陰騭心田好，百世榮昌在此中。
金匱相依有禁房，豐隆洋溢千斯倉，

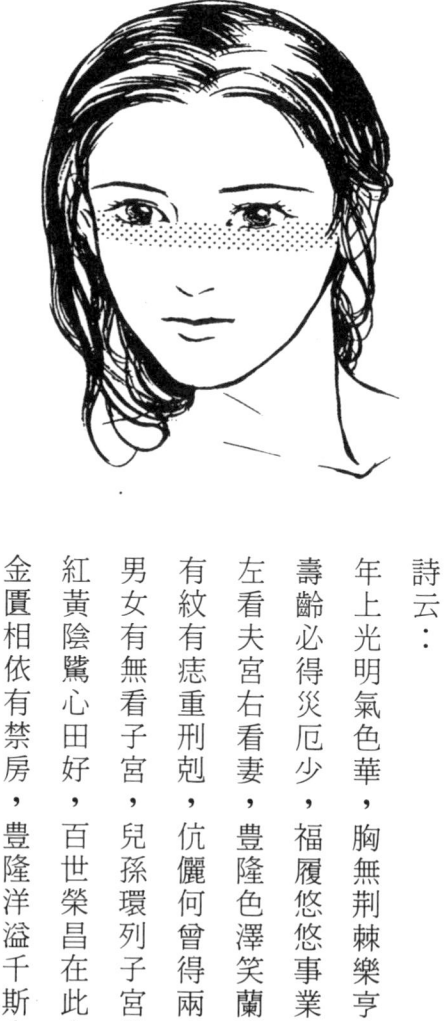

暗枯不定多驚佈，也恐穿窬盜賊強。

年上部位橫列十二分位訣：

第七年上夫座參，長中少男與外男，

金匱禁房盜賊動，遊軍書上玉堂探。

書云：

年上有痣主困貧。遊軍亡陣或兵誅。

或主書上憂無學。眼下悲啼當不絕。

賦曰：

年上黃明無災有慶而永壽，夫座光澤夫唱婦隨以齊諧，金匱豊隆儲糧可以廣蓄禁房，堅壁盜賊安能覬覦，遊軍一部喜色潤有塞外之慶，長男三宮看光潤質有無之徵。

斷訣曰：

1. 年上主壽考亦主自身之疾病。骨肉起主一生無病，缺陷者多災，有痣主貧苦低陷防妻，青色主一年疾病，吊客喪門之厄。白沖兩眼主一年內凶禍悲泣，黃色如半月樣者吉，赤色至天中有爭鬥之危，黑如指大號鬼印，更看鼻孔有冷氣即死。

2.夫座。左為夫座右為妻座，主吉凶之位，又主婚姻及孕男女。光澤主男得美婦，女有佳偶。有黑痣男防妻女防夫。

3.長男主長男之位，定長男好惡。平滿者吉，黑痣喪長男，乾枯者無子，臥蠶厚而光潤，子定五六。臥蠶紋裂必無子孫，亦有剋。三陽火旺必主誕男，三陰木多定須女生，臥者紫色必產貴妃，臥蠶豊滿而多男足女。淚堂坑陷如崁當是悲啼不絕，臥蠶黃紫色瑩，陰陽之官及金匱光明子孫必貴。

4.中男主中男之位，定中男吉凶。色好主得力，黑痣主無中男。

5.少男主少男之位，定少男善惡。光明者吉，枯陷者無子，婦女有黑痣則防夫。

6.外男主外子孫。

7.金匱主金銀之位，又主財帛庫。平滿色澤者主積金銀，光閃者主多寶。枯陷主財乏，有黑痣常被盜，黑氣如弓主凶應九十日內。

8.禁房主禁內外之關鍵，平滿色澤者盜賊無害且不得入禁內，青氣臨位主盜，白色一絲主奸淫曖昧不明之事。

9.盜賊主竊之位。見青白色被盜，發惡色者賊人也。

10.遊軍主邊方之職又主遠任差遣，平滿色美者宜任遠方之官，色惡不宜遠行。

11.書上主文書上陳，又主經學之位。論文章才學，若潔淨而平滿者吉，黑痣者主無學問。

12.玉堂主金馬，玉堂之位有紋痣及缺陷者，無。

第八節　壽山部位痣相

詩云：

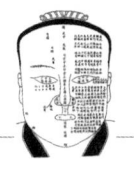

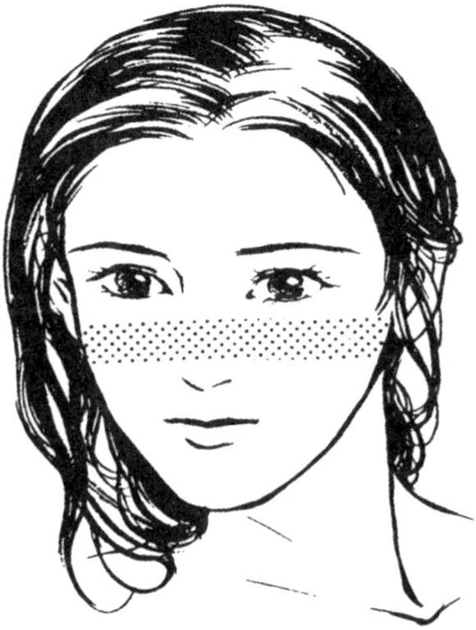

壽上豐隆壽命高，相依甲匱要堅牢，
歸來若問親情事，堂上色明興盡豪。
正面宜開貌不愁，濃濃紫氣定王侯，
姑姨妯娌如何好，色帶紅黃事事周。
兩顴五嶽揷天倉，不露不尖勢若張，
眉目有威相拱照，郎官也可侍君王。
兄弟姊妹有無間，從此推詳造化關，
豐卻成行低卻少，甚於羅計一般般。

壽山部位橫列十一分位訣：

第八壽上甲匱依，歸來堂上正面時，姑姨權勢好兄弟，外甥學堂命門基。

書云：

壽上妨妻尤自得。命門作事無始終，學館看來學豈餘。正面所爲皆不遂。

賦曰：

壽上赤色主生膿血之災，正面黃光乃爲元吉之兆，多實多財皆因甲匱豐滿，而色潤有權有柄。蓋爲兩顴端聳以紅黃歸來，色黃音信定在旦夕，堂上暗慘親情必致參商，姑姨之方骨起色明而多興隆之美，兄弟之位端圓光澤而盛棠棣之華。命門應壽考，骨起而享遐齡，學堂主文思豐隆而徵淵博。

斷訣曰：

1. 壽上主壽考。察命之長短決事之吉凶，隆高者主壽，低陷者無壽，青色死，白色點點如梅花上貫眼印重，五七日死，輕一年內死。白色主父母病，忽然白色一向不散如錢大者，春見三旬內大災，餘季二年內主大厄，黃色主喜慶，赤黃如亂絲主巡使行千里之外，又名怪部青色，赤黑相雜者主家內怪兆，重應山林山石魍魎為怪，輕應欄櫪井灶斧鳴，井溢鬼猖為怪。

2.甲匱一名財府又名財庫，主財帛之有無，豐隆多財，平滿光澤一生足用。若乾枯缺陷暗色一生乏財，骨起分明者金玉盈瑩，發黃氣旬日內有財喜。

3.歸來主家役信人之位，光澤色黃者，行人不出月至，枯燥者主不來，青色者行人主凶。

4.堂上主六親之位。紅顏光澤色黃者，主親戚相聚之喜，色滯多不合，梨花色亡外親。

5.正面看人性難易之位，眼下一寸三分是也。色燥缺陷者性難，色澤端好者性易，正面紫氣上連天中下貫中部及準有印玉紋主拜封之象，一寸明者八十日內受印有權。

6.姑姨主姑姨之位。左看姑、右看姨，骨起色好者姑姨美好，枯燥者姑姨有病，缺陷者無姑姨。

7.顴勢主威勢之位，端聳豐澤者有權勢，低陷者無勢。要關鎖之法乃顴骨也，顴者權也，權勢之事若尖露而不豐厚者，主當權反覆，顴尖者暴躁，顴露者孤躁，左顴羅睺曰首，右顴計都曰尾，揖讓不欺可主權衡之事。若見顴骨起有關鎖自然興家，若低陷無關鎖衣食難充，骨破者終身災禍，青白色見主兄弟有傷，爲官去位有黃紫如印如圓珠，主一百二十日陞遷。

8.兄弟主兄弟多少之位。又爲姊妹之位。見偏窄刑姊妹，端圓光澤者兄弟強而聚，乾枯者兄弟弱而散，兩頰如雞子者，主單身一世，青白及暗慘之色，兄弟傷剋。

9.外甥主外甥之位。平滿色澤定外孫多少，枯暗則無。凡父母兄弟妻舅姑姨姊妹伯叔各部上，青色主病，白色主哭。

10.學堂在耳前主文學之位，若豐滿明潤骨隆端正潔淨者，主文學聰明。如骨陷色枯塵垢黑痣者，則無學問。

11.命門主壽考之位。定壽考短長即耳前骨也，骨起入耳百歲不死。

第九節　準頭部位痣相

詩云：

準頭關係最多評，明潤豐隆福不輕，借問貧窮奸詐者，鼻如鷹嘴百無成。

威儀拱照是蘭廷，不露不偏輔弼星，稟性眞誠多義路，平生得志且長齡。

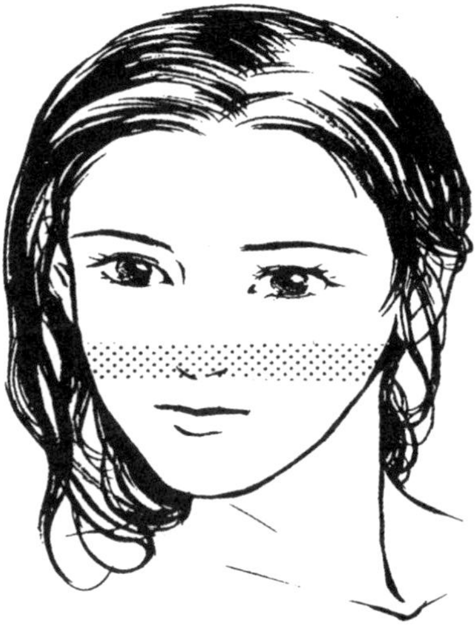

法令安名壽帶條，最宜長露莫如刀，

縱紘入口當飢餓，短促由來命不高。

灶上囤倉不可空，一生衣祿在其中，

端詳顯宦鵬程遠，印綬黃明紫氣雄。

準頭部位橫列十一分位訣：

第九準頭蘭廷正，法令灶上宮室盛，

典御囤倉後閣連，守門兵卒記印綬。

書云：

山根鼻準兼廷尉，
家業飄零骨肉疏。
不修幃帕看門闍。

賦曰：

準頭最要豐厚，司財帛而見人之邪正，蘭廷尤當明朗，應秩爵而知人之成敗，法令宜長徵乎壽考衣祿，灶上宜滿明其棲居之有無，宮室黃明而有慶，囤倉平滿而多儲，守門堅牢而家藏鏹寶，印綬黃色而戶納貔貅。

斷訣曰：

1. 準頭為中岳，端圓平正充滿者富貴有官爵，準頭齊者心性慈，準頭尖薄心多毒妨妻兒，小薄俱貧，鷹嘴者性極毒，計巧奸貪，豐大與人無害。準頭黃圓如錢光明不散者，三年內必遇神仙，黃至法令主父母妻子吉慶。白色圓光主水厄枷鎖，應六十日內。見黃色紫霧生貴子，官主遷職大利。紫氣如一月加進祿位，得好馬田宅大喜。赤色如虹大小，立有官災或遭火盜。

2. 蘭廷在準頭兩傍，左爲蘭臺右爲廷尉，成就平好者主聰明見識。色慘主凶應半月之內福去禍來之兆，白色連圓光主應年內水厄，黑主下淚，赤色主一月內加章服。

3. 廷尉同上斷。

4. 法令主號令之位，端精分明者，主施敎令人咸服，一名金縷又名壽部，有紋又謂之壽帶，絛長而美重而分者主高壽，又名酒舍。主衣食，紋若過口壽主九十，不過口中壽。又法令長至地閣者，壽極。男女團圓、夫妻偕老，終生富足。臉上黑入法令者主妻病連年在床，見黃色必瘥春夏，見黃於法令主父母妻子吉慶，紫色合得姬僕，兼得勅命九十日應。骨起爲大理寺卿少卿等官，色惡狂多厄，廷尉有黃色連印綬至法令主陞遷，無法令乏食壽夭，法令縱口謂之螣蛇鎖唇，必主餓死。

5. 灶盡主宅舍居止之位。平滿主有宅舍，缺陷無屋居住。

6. 宮室主房屋之事，在灶廚之傍，黃明者吉，色惡缺陷者主妻夭死。

7. 典御主奴僕之位。看奴僕婢女多少，平滿一生不乏婢女，缺陷枯燥一生無奴婢。

8. 囤倉主食祿之位。平滿主有食祿，缺陷主飢死，發青色主憂官災。

9. 地閣主寄居之位亦名承使。看寓住往來休咎，骨肉豐起一生不寄住，缺陷定走他鄉，有白色者主泣。守門主財祿之位，又名地倉，主私廩官祿。平滿無黑痣主家道富，缺陷主一生無祿，青色點點者主有口舌，白色者九十日死，黃色吉。兵卒主營伍，當分官吏庶民之辨，印綬主兵使之位，平滿有兵驅使，缺陷無兵使用，色惡不吉。

第十節　人中部位痣相

詩云：

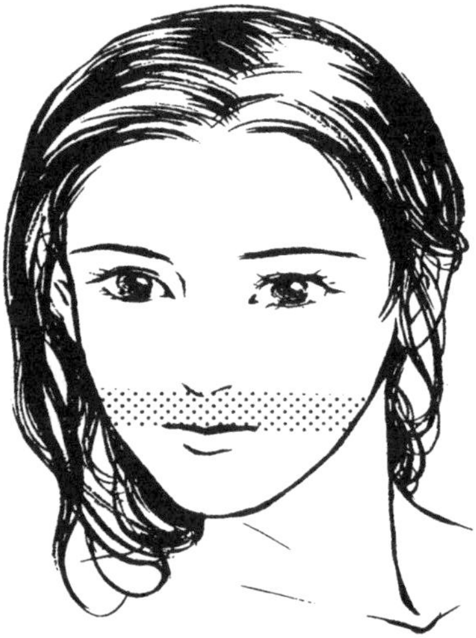

人中短促夭天年，長廣無偏福壽綿，
紋痣若生溝洫裡，己身恐怕不周全。
井部分明席履豊，任君浪蕩不奇窮，
嗤他世上貧寒子，個個都爲井灶空。
帳廚豊厚任盤餐，貧富無拘一樣看，
惡氣濛濛塵垢色，酒漿之毒利如棺。
妓女有無看妓堂，妓堂平滿妓成行，
羨他懸壁直高峻，自得青趺飽橐囊。

人中部位橫列十位訣：

第十人中對井部，帳下細廚內閣附，小使還到妓堂前，嬰門博士懸壁路。

書云：

人中或有立身孤。

井部宜防井厄虞。

帳廚妻室恐難育。小使妓堂並內閣，主無侍養自區區。

賦曰：

人中之爲溝洫，溝洫之喜疏通，微微似一線之紋，促命而苦。亭亭如破竹之仰俾，壽而昌。若還黑痣潛生必抱他人之子，乍見鉤紋穿透多生六指之兒，露紋橫直定產不育之胎，黑痣唇搴應得無媒之婦，井部開而多田宅，帳下潤而享廚鮮肉。閣無紋知繡戶之有慶，懸壁不倒聚珠玉之多藏。

斷訣曰：

1. 人中主人心性又主子媳。欲長而深溝洫之象也，亦名溝洫。溝洫疏通則水流而不壅，淺而不通則水壅而不流。大抵欲長而不欲短，欲深而不欲淺，欲正而不斜，闊而不凸皆善相也。其或狹而短小如線皆貧夭相也，左偏損父右偏損母，凡斜曲者心地必曲，深直平廣者忠信有子，斜搴而短者孤夭而賤。滿而孤上寬下狹者狼僻好積，上狹下寬者巧計破財，有黑痣者抱養他人之子女，子當自出嫁。紋理俱不宜，赤光青黑氣垂之主應下一月，脫職水災等凶。白色橫過主藥毒死，有黃色主多年遠信至，人中及口邊黑色，七日內橫死。

2. 井部主田宅之位又名仙庫。平滿者宜田宅，缺陷者貧窮，有黑痣主溺死。

3. 帳下主帳廚之位。豐潤主有廚帳，窄狹主無廚帳，紫色如錢形者二十日後成名，有陰德之功遇災無咎，赤色如豆不出月外和妻相鬥。

4. 細廚主飲食之位。平滿主酒肉食足，缺陷平生乏膳，發色惡者爲食死，白色爲酒食致死，黑痣飢死。黑色主囚繫飢死。黃色主酒暴死，紅紫氣發進奴婢。

5. 內閣主閨閣之位。豐滿者閨閣深邃，色惡缺陷者閨閣淺穢。

6. 小使主小使多少，有黑痣者不得力。

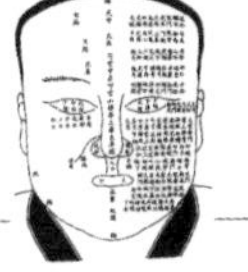

7. 妓堂主妓樂女妾有無。平滿者也足妓女，有黑痣缺陷，無。

8. 嬰門主家中小兒之位，豊厚則吉。

9. 博士主醫卜星相之位，若缺陷則無成。

10. 懸壁主珠玉之位。高峻色美者家蓄金玉，色惡缺陷者金帛有失。

第十一節　正口部位痣相

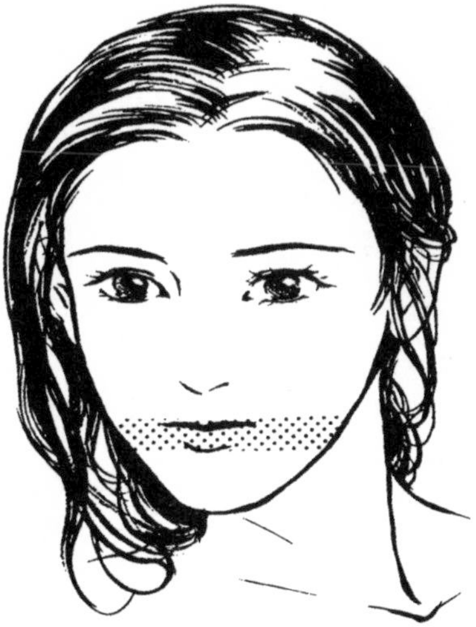

詩云：

正口端方信義行，唇紅齒白甚聰明，
時人貧苦多奸巧，便是歪斜兩角傾。
關門要闊比鄰寬，里有德鄰繡戶懽，
兩位不宜橫雜色，濛濛薄霧怎求安。
委巷通衢仔細詳，微微青黑惹災殃，
行人盜賊無些慮，要取平安色帶黃。

客舍紅黃俠客來，豐隆家庫自多財，
相君逢難皆逃去，廣闊生門豈有災。
正口部位橫列十分位訣：
十一正口閣門對，比鄰委巷通衢五，
客舍兵蘭家庫中，商旅生門從繼續。
書云：
正口囁嚅多咀嗎，
太陽官舍外陽逋。

賦曰：
口闊唇方必定有財有祿，口小唇薄終須說是說非，口可容拳能借玉階之地，唇不蓋齒必惹毀謗之嫌，皺紋在唇到老嗟怨莫解，螣蛇入口定知餓死無疑，比鄰平滿乃得玉翰而結芳鄰，客舍色明可追孟嘗而迎珠履，丘蘭有勢掌握驅使之權，家庫無虧享盡繁華之美。

斷訣曰：

1. 正口主信義充實，口爲水主末年之氣數。人大口小非貧則夭，人小口大非富則貴，上唇要如弓下唇要如網，務要稜角分明。男人口闊吃十方，女人口闊守空房，平正稜成者有信行，尖薄低凸者多詐妄，口角若起食祿有餘，口角垂者衣食不足。唇薄主小聽好說是非，唇厚主福而沉靜。正口青黑色主死，口邊黑七日內橫死，三陰部黑發形如衣帶沖入口邊主死，百日內應。赤在正口兩邊角相接二年內餓死，赤色上下過口主十日內口舌至，如赤色點點入口，主口舌爭訟，正口紅色者吉慶。

2. 閣門主闔帳之事，亦主閨閣深淺，色惡幃帳有變。

3. 比鄰主鄰居之位，平滿色好者主有德鄰，色惡兼黑痣不得鄰里力多有惡人。

4. 委巷主鄰巷好惡，又主巷陌穢靜發，色惡者主被劫，骨起者無賊害。

5. 通衢主道路亦名劫門。色好者利出入，色惡者主失財。

6. 客舍主賓客之位。平滿端好者好賓客，黃色現有嘉客室。

7. 兵蘭又名兵列主驅使之位。平滿者驅奴使婢，缺陷者家無走使。

8. 家庫亦名家倉主倉穀之位。平滿色好者足穀倉，缺陷色惡者家虛空。

9. 商旅主興販好惡，平滿者興販得利，缺陷者不吉。

10. 生門主生殺之位，平滿者吉，暗慘者凶。

第十二節　承漿部位痣相

詩云：

承漿骨起酒中緣，遇著酒家口垂涎，
黑痣頻生名酒鬼，看他不久到黃泉。
祖宅光明祖業多，華堂院舍仕君窠，
紅黃應斷來餘慶，蘭桂盈堦衣錦羅。
酒池有壓舉觥狂，勸頌前賢或酒章，

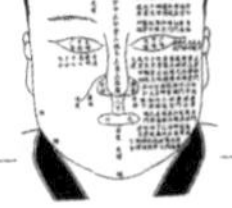

醒眼看人爲酒困，古今多少誤稱觴。
郊廓豊盈六畜興，荒垢明朗應墳徵，
其間惡色來侵位，家宅不安問老僧。
承漿部位横列十二分位訣：
十二承漿居宅安，還有外苑林苑看，
下墓田庄酒池上，郊廓荒埋道路寒。
書云：
承漿若有醉中殂。

祖宅如生沒故廬。（按：祖宅同居宅。）
賦曰：
承漿雜紋恐防河白之厄，承漿平滿善能杯酒之歡，平板不見決然破業敗家，紋痣頻生定因困酒喪命，祖宅亂紋終須賃屋而居，下墓暗氣誰知家塋有傷，莊田平滿乃得安享之榮，郊廓豊隆自有倉箱之積。

斷訣曰：

1.承漿主飲食亦名酒池。其中有肉起謂之酒海，有黑痣者不宜飲酒，主酒醉而死又主落水而亡。平滿者多飲多食，常招宴會，喜闊容指而最嫌夫窄偏陷，色惡因酒成疾肥厚，兩邊有骨起中心成坑，聳上者主有百杯之量。骨起進官祿，缺陷主溺水亡，承漿骨滿朝天者主富足，青黑色主因酒而亡，冬有黑色主穿井得物，時常黑色因酒死，亦名藥部，陷主服藥無功。

2.居宅主祖父自置。居宅光闊者吉，平滿者主華屋，缺陷者主無宅舍，有黑痣棄祖移居，如紅絲亂紋主無田宅。

3.外院主牛馬田莊。平滿有牛馬田莊，缺陷破者無之。

4.林院主山林園院。平滿者有山林園院，缺陷者無之。

5.下墓主墳墓田地之位。光澤者吉，豐滿色好者主有田墓，缺陷色枯者積代不葬，黑子主飢死，白色酒醉之禍。

6.莊田主田業之位。平滿者富貴，青黑色憂，乾枯面如塵土並不吉。

7. 酒池主酒食。豊滿者吉，有紋痣因酒喪命或成酒疾。

8. 郊廓主豬羊雞犬之位。平滿者主進豬羊雞犬，缺陷色惡者主損六畜。

9. 荒址主墳墓之所交易之位。光澤者吉，紋痣缺陷者凶。

10. 道路在荒坵之旁，主行人光澤者吉。

第十三節　地閣部位痣相

詩云：

地閣端隆晚景亨，天揖地朝衣錦榮，
燕頷聲響公侯相，惟有北人早得名。
下舍分明多田宅，頤尖那得一囊錢，
要知奴僕妍媸訣，厚則成群薄不然。
地庫豊隆富有餘，天倉相應始眞如，
奇珍異寶盈千萬，兩地都全果不虛。

陂池最怕痣紋侵，恐涉江湖到處尋，
若見紅黃明潤色，凶星去了吉星臨。

地閣部位橫列十分位訣：
十三地閣下舍隨，奴僕碓磑坑塹危，
地庫陂池及鵝鴨，大海舟車無憂疑。

書云：
女人地閣須憂產，詔獄或見死囚拘。
坑塹陂池並大海，諸方不見始安舒。

賦曰：
地閣主富貴之根基，宜厚而肥，末景行運限之否泰須朝而峻北方公侯大貴，蓋緣頤口寬隆，南人財帛盈箱，只緣頷頰朝拱，下舍無虧知奴僕之有自，地庫不缺想豐盈之無差，陂池紋見不遭水厄定逢口舌之連，鵝鴨痣生無大凶危或有牛馬之失。

斷訣曰：

1. 地閣即坎宮爲水星又爲田宅宮，即北岳也。主田地基址屋宅奴僕。端方平厚者貴而富，狹薄削小者貧賤。兩角肉重者富貴，若肥厚必主田宅發中末衣食蓄積，破缺者破家長，內飽滿者主得妻財，瘦而破者主破祖業，不得父母之力。無地閣者一生無根基，獨地閣長而無相稱者，主老無居住。尖而無肉成敗無常，末主無財或生有紋，中凹有破缺者或爭陂塘官事。左邊黑起奴僕死，右邊黑奴僕病或損血財。有紅黃則有喜，富家則進田地，庶人得橫財，赤色主田宅官事，青色有大憂，黃色主入宅進業之事，赤紫相兼牛馬死。

2. 下舍主外舍房多少。平滿者多外舍，缺陷有一黑痣生貧而無居。

3. 奴僕主奴僕之位。平滿者多奴僕，缺陷有黑痣一生乏奴僕。

4. 確磓主確磨之位。平滿者有，缺陷者無。

5. 坑塹主坑墓園塹之位。平滿者有，缺者無。

6. 地倉一名地庫，主倉庫之位。豐滿贏餘缺陷無，左右有骨，主遷官任事，大吉。

7. 陂池一名陂塘，王池塘水田之位。平滿者有陂澤，缺陷者無田湖，有黑痣涉江湖而死不可涉水，發惡色者主口舌。

8. 鵝鴨主蓄養牲禽之利，看多少之數鵝鴨奴僕細廚，兩邊直下則是。二部肥厚肉起足奴婢多，鵝鴨瘦枯薄不吉，紫氣發主進奴僕。

9. 大海主水厄之位。赤色主溺厄，有痣色惡皆同，黃色宜涉遠行。

10. 舟車主遠行，氣色潤澤者吉。

第十四節　顏面部位痣相補遺

夫面圖統說十三部位，而分百三十五部，尚有缺略者，如龍竈鳳池，即眼眶龍宮也；如禾倉、仙庫在人中旁，法令兩邊是也；俱緊要部位，宜豐厚明朗，則主富貴壽考爲上相人也。至十字面圖亦有未能罄書者，如上相丁字面、玉字面也，如中相貫字面、父字面也，如下相合字面、小字面也。凡相有一部可以言吉凶者，有得一字可以定終身者，有一紋一痣可以辨事理者，有氣色可以詳禍福者，但不可拘泥一部一位一圖，遂定其終身，故有不過不遺，全在能神、能化，觀其形必察其神，視其眼必審其眉，聽其聲必揣其骨，看其行必別其坐，驗其紋必詳其痣，相其氣必辨其色，舉止動靜應對周旋，無往而不成相，則吉凶美惡豈不在乎衡鑒之眞哉！

【部位面圖補遺】

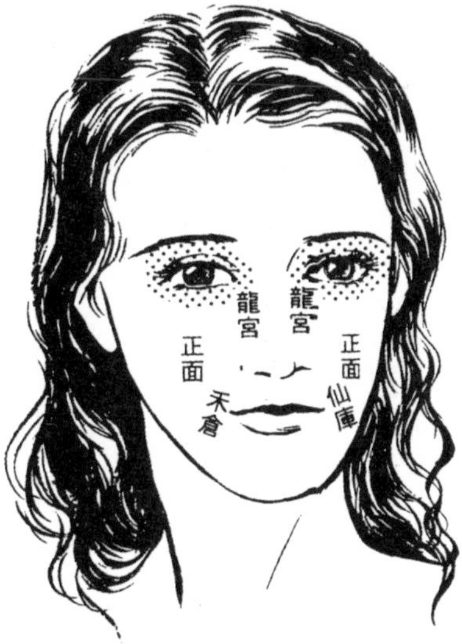

龍窟鳳池，

即眼眶龍宮也。

淚堂即淚腺之謂也。

或曰左眼眶爲龍宮，

右眼眶爲鳳池。

或曰鳳池爲淚堂。

【耳後痣主忤逆】

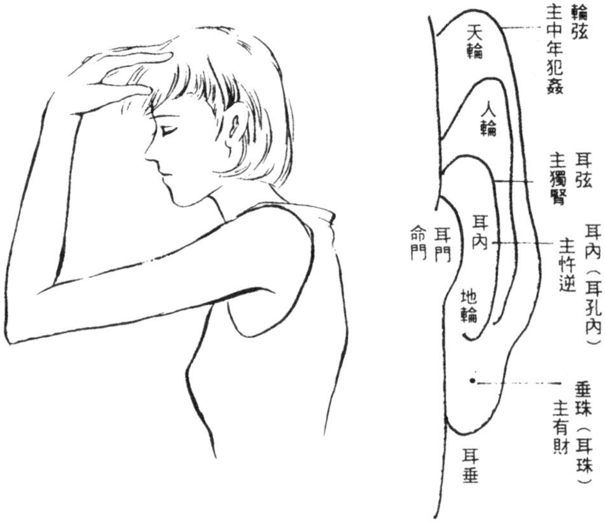

書云：

耳為採聽官。

耳根雙出倒商途。

兩耳輪主慧，

耳內主壽，

耳珠主孝，主有財。

耳弦外賊，主獨賢。

命門主災厄。

耳門有痣，主痔疾。

耳內有紫痣，主忤逆。耳後亦然。

輪弦痣或青黑色，中年犯姦。

耳內黑子主貴子，一珠一子，

二珠五子。

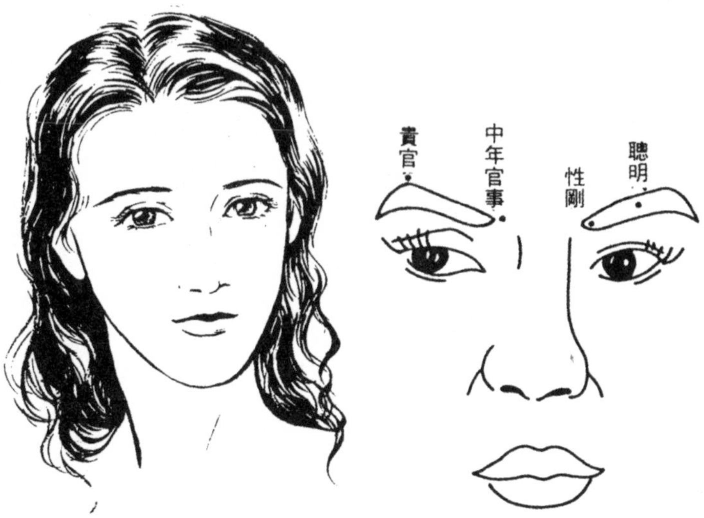

書云：
眉爲保壽官，
主賢愚之辨別。
眉中黑子，
聰明而賢，亦主伎倆。
眉頭有痣，
一生官非不惹，
不怕鬼神，主人性剛。
眉上生痣者，主貴官。
眉頭疤瘢惡痣或缺陷者，
中年官事。

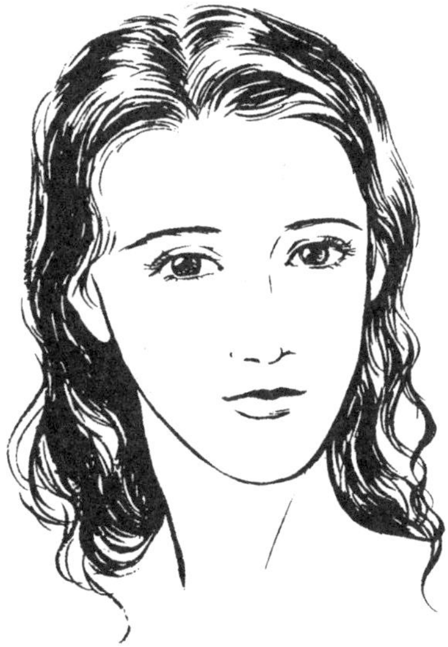

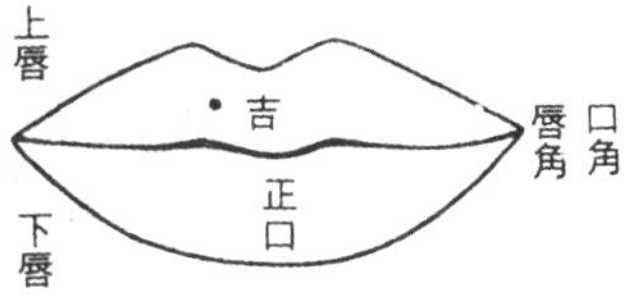

書云：

口爲出納官。

婦人口有痣，陰亦有痣。

口有黑子者，主酒食（食祿）。

正口囁嚅多咀嚼。

正口惡痣，主言語取禍，口舌是非。

（按：即嘴唇之正當口爲最，不當口之唇上次之。）

舌上有痣，主虛言。

口唇上有黑痣者，主財祿。

上唇主酒肉食祿，下唇主口舌是非。

口側有痣，聚財難。

唇畔，主破財。

口角，主是非，主失職。末主水災。

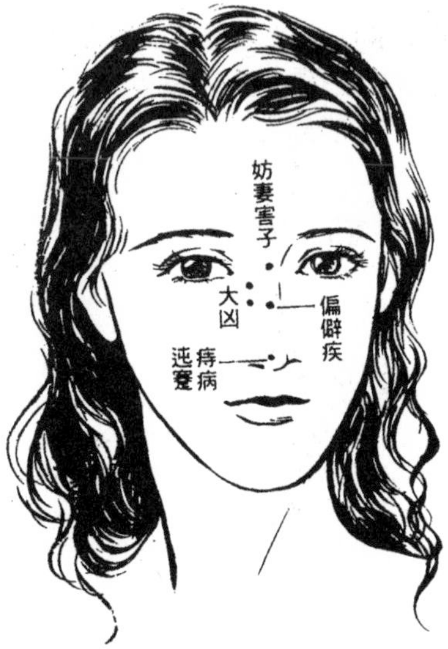

書云：

鼻爲審辨官，爲財帛宮。

山根鼻準兼延尉，家業飄零骨肉疏。

年壽胝痣缺者，有偏僻疾。

年上有痣，主貧困。

壽上有痣，兄弟難爲。

鼻側有痣，大凶。

準頭有痣，主痔病。

多黑子者，主迍蹇。

印堂當中有黑子者，貴吉。

右鼻有痣，主獨。

山根正中有痣，主福，有當。

偏者，主水厄，失缺。

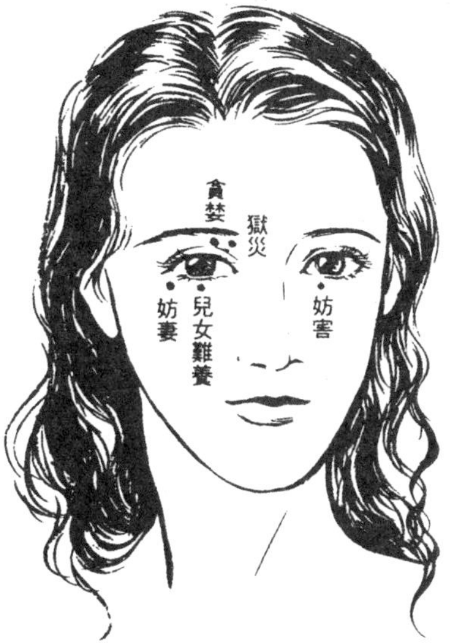

書云：

眼爲監察官，爲田宅宮。

眼下臥蠶爲男女宮。

眼後魚尾奸門爲夫妻宮。

子女宮有紋痣及缺陷者，剋兒女。

男子生胞上者，貪婪、作竊。

生眼下者，妨害。

眼下淚堂有痣，兒女難養。

刑獄上有痣，有牢獄之災。

眼尾上有痣，妻主惡死。亦主妻有疾並淫。

第八章　身體部位痣

相術沿承古代陰陽五行之觀念，除將顏面劃分成「顏面三停」而外，並將人體劃分成「頭」、「腰」、「足」三停，頭顱顏面為上停，胴體為中停，雙腿足為下停。

頭為首，居上停，頭之最上部，謂之「頂」，名曰：「勢源」，黑痣生髮中者，書曰：「髮中隱玉，定見紫微賜豸冠。」主威權富貴，近頂者尤極貴。

頭及顏面痣相，已如前述，除了顏面顯痣易相而外，頷下身體上有痣，因有衣裳遮蔽，大多不易發現，故古傳「應痣歌訣」以為推測隱痣，頗具神異準驗。

顯痣隱痣固有互相呼應之趨勢，唯亦頗多單獨出現而不互相呼應者，故欲相身體痣瘢，當先知身體部位——

【身體部位】

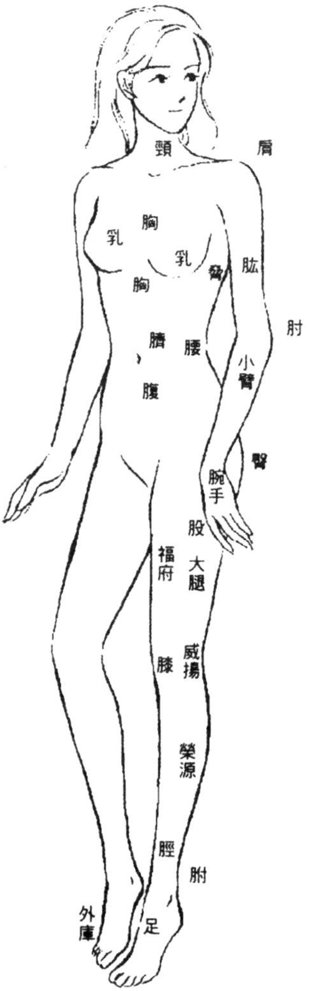

腕名前收

股爲大腿，正面名福府。兩足底曰寶藏足踵謂膇

頭之最上部謂之頂，名勢源。

領爲頸項之總名，前曰頸，後曰項，頸項名之天柱。

胸以肋骨範圍，上曰倉，下曰庫，乳爲子女宮

臍爲丹田名龍關。兩膝頭上名王府。兩膝骨上名威揚。

足指間曰外庫兩足膊骨上名榮源，俗稱腳鼻膁者是。腳掌盤面名地周

自眉至腕曰臂，上爲上臂，或名上膊，下爲小臂。

兩乳之間名福穴。心窩上名之靈穴。

胸又名神庭，或謂脅爲神庭，胸爲福堂。

額、頟、頞，同名異字。

逸堂

兩股之間曰胯，胯腹之間，女陰男陽。

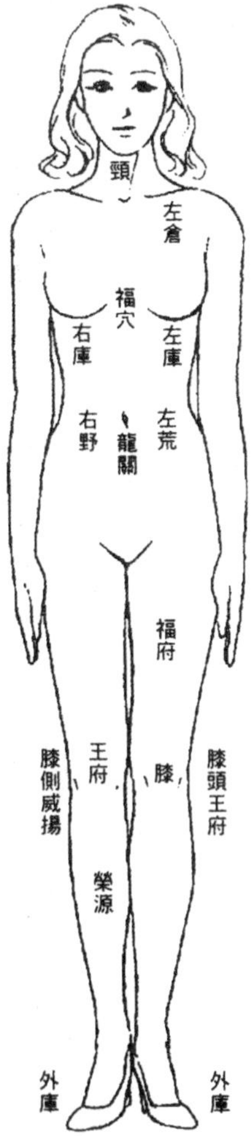

頤同頷，頣也。頯為顴骨，顴為頰骨。

胸後骨上名壽堂
腰當中心名大海又名四大海

膝後曲節處曰膕，俗稱腿彎，名財苑。

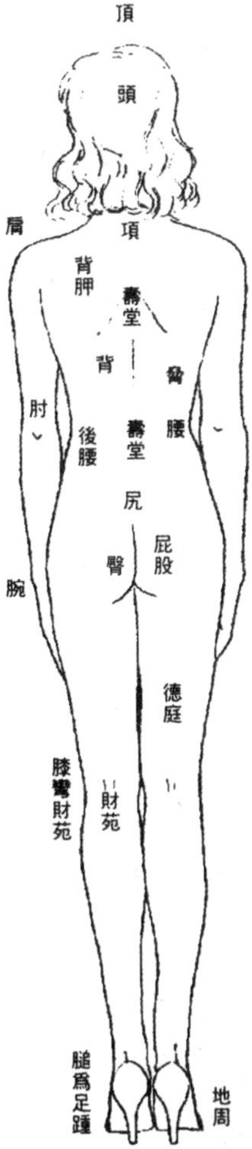

脽為尻骨居臂上。臀名殿下，又名崇邱。

肛門名穀道

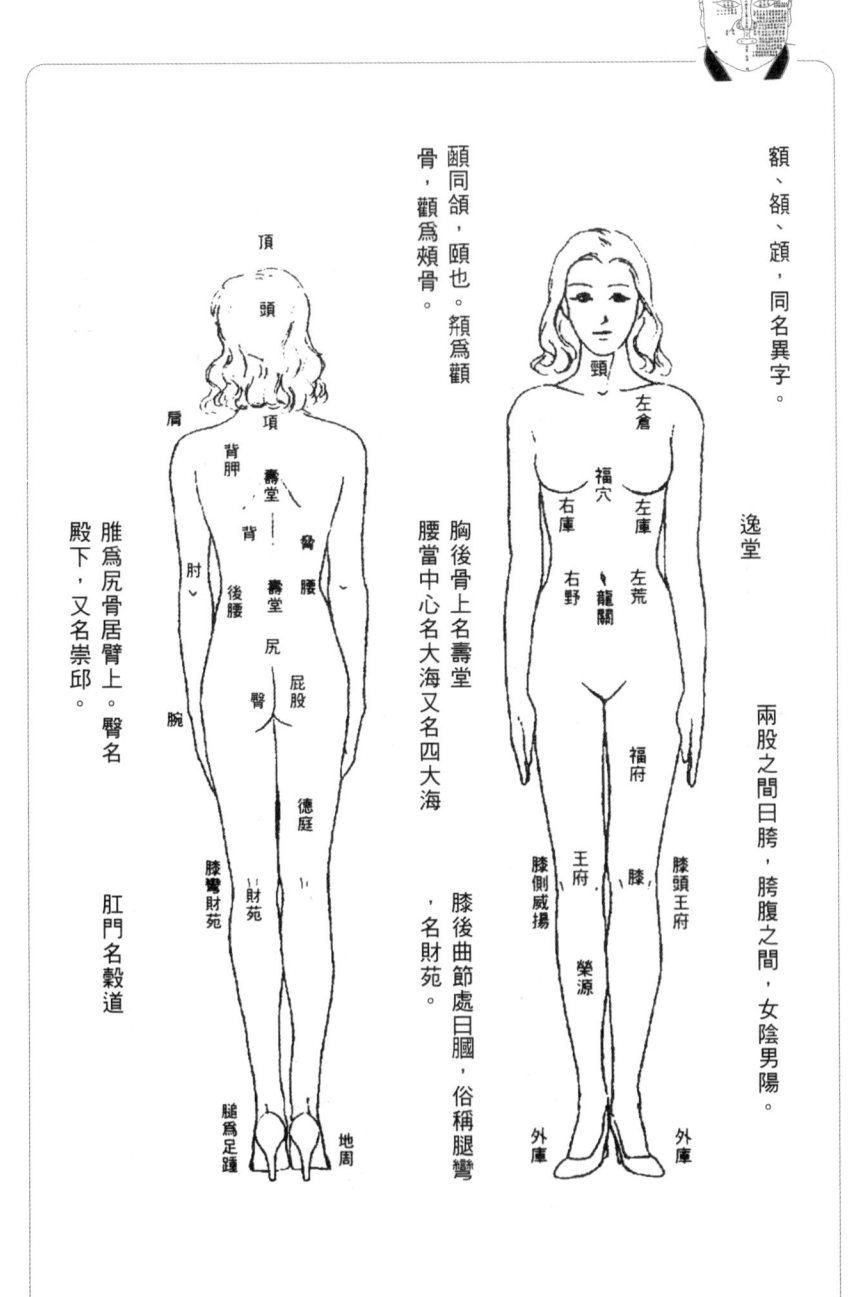

顏者，額角也，眉目之間。
臉者，目下頰上，術名正面。
頞者，鼻莖也，俗稱鼻樑。
頷者，頞下頸上。
按：俗以臉、面混通，面指眉目口鼻所在處。

俗稱臂爲胳膊。臂之靠胴骨者，名胳，向外者，名膊。

兩臂上謂崇邱，下而近肘爲臂壘，交名後收臂彎後骨曰肘。

兩臂屈交中，謂之後收，主技巧。

兩乳當心，謂之福穴，主福壽而安樂。
兩乳上，謂之男女宮，主男女多。一說左乳多子，右乳有痣多女。
兩乳下，謂之左右庫，主積蓄金帛。一說左主錢財，右主田宅。

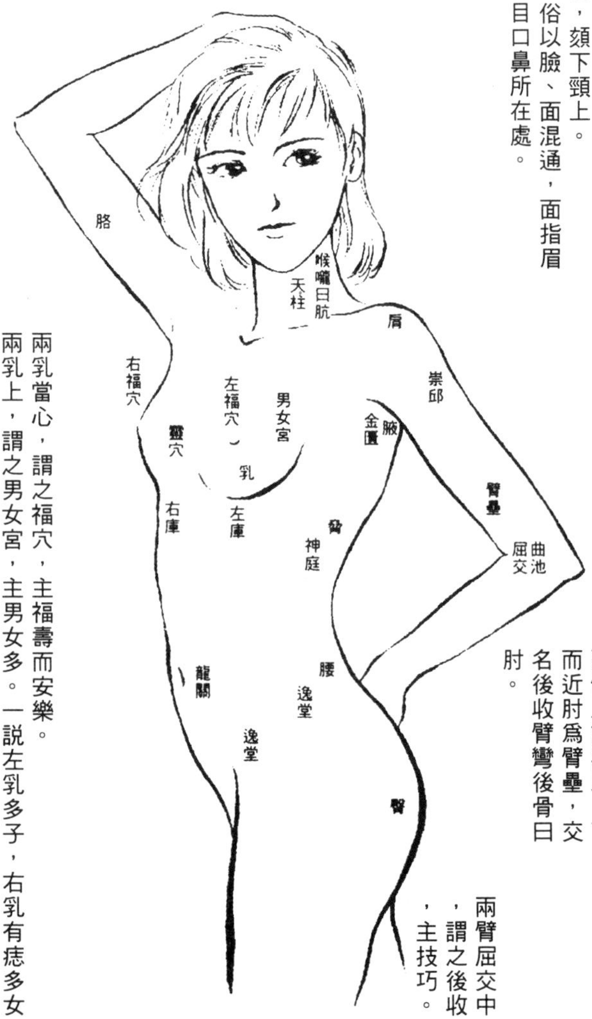

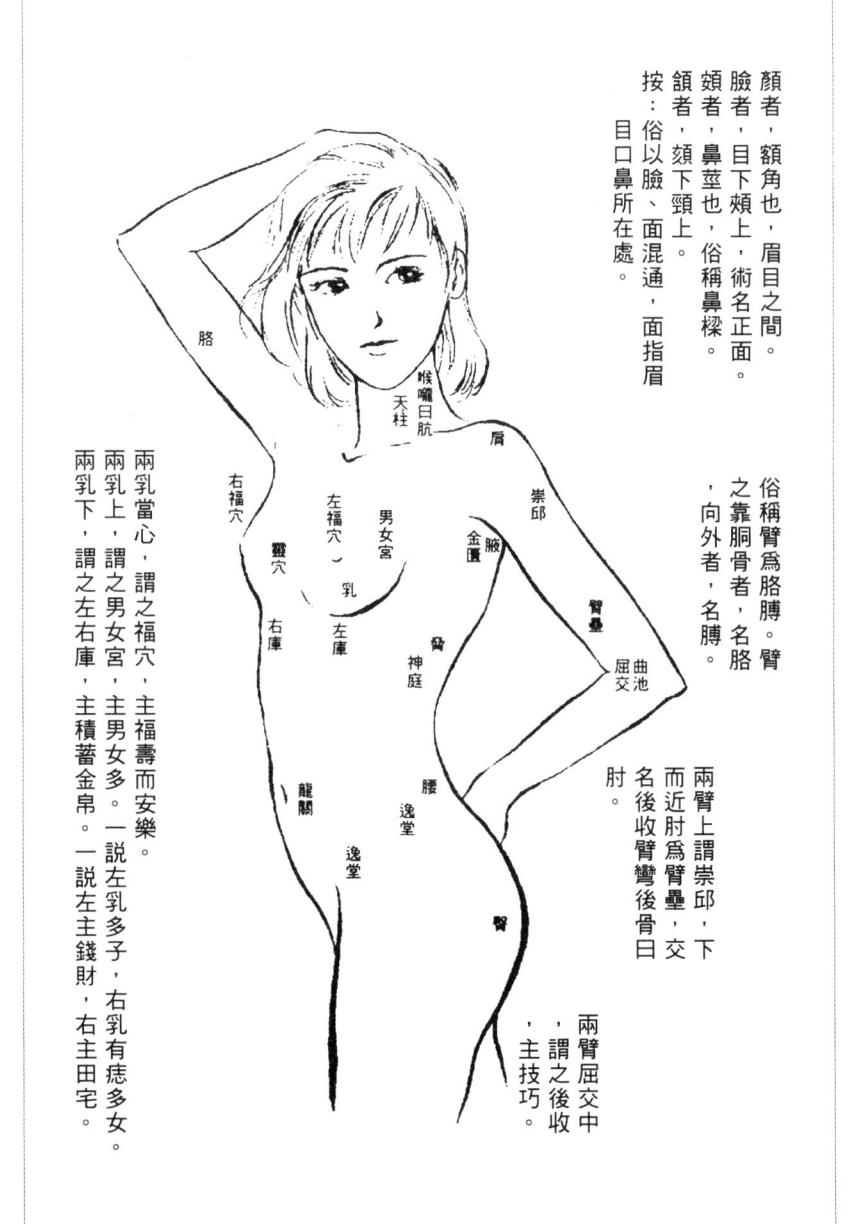

第一節　頸項痣相

(一)頸項相詩（五首）

肥人頸短瘦人長，自得聲名播四方，項小應知年壽促，縱然富室莫商量。

頸項豐圓富貴姿，平生都是好行爲，待人慷慨居心正，總把陰功作福基。

棟梁不正性情偏，落落無依在晚年，鄙吝經營休問福，須知富壽兩難全。

蛇頭端然是小人，可憐一世志難伸，相逢富者低頭快，側立殷勤笑語親。

身長頸短不爲高，身翼焉能作鳳毛，白銀盈箱空富有，如何在世呈英豪。

按：瘦人頸短多災禍，肥人項長有困窮。

(二)頸項捷徑

夫頸項者上扶一首之謂棟，下扶四體之謂梁，高然立又謂之天柱，故方隆光潤者大貴，豐圓堅實者大富，側而小細而弱者非棟梁之材也。肥人項欲短，瘦人項欲長，反此者不貧則夭。長如鵝短如豕皆不令之相也。項有結喉者貧滯，瘦而結喉者迍邅，肥人結喉者多招橫禍，項後豊起者少災富厚，項後有皮如條者上壽，短而方者福祿，細而長者貧賤，頸梟而斜曲性弱貧苦，項斑而不潔淨者，性鄙多滯，頸勢前臨者，性和而吉，頸勢偃後者，性虐而凶，頸立端直者性正多福。薄側如馬頸者，防害，圓疊如衣袖者富壽，圓粗如虎頸者善而福。薄曲如蛇頸者毒而貧賤，長如鶴頸者清貧，圓肥如燕頷者高貴，項弱不勝者貧下而短命，項立相應面者清貴而吉。

訣曰：項有餘皮足食豊衣，頭大項小幼年必夭，項白過面衣食豊盈，項有結喉敗走他州，肥人結喉壽命難留。

又云：瘦人結喉猶自可，肥人結喉遭枷鎖，喉嚨方者貴，喉嚨圓者富，喉嚨扁大者多食貧賤，項下豊起者主富貴福。項有皮條者上壽之相也，天柱者頸項之骨也，喉項一結人多歇滅，結至三四財離親絕。

賦曰：頸項作一身之棟梁兮，故欲方圓而堅實。項直立而方兮，應受天朝皇恩，秩瘦如鶴頸兮，定躍禹門於指日，項白過面兮，也作廊廟之良弼，細小

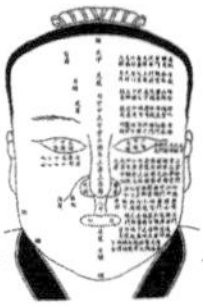

兮貧且勞，側弱兮天可必。項有餘皮如條兮，享遐齡而迪吉。項若豊厚能圓兮，履榮華而閒逸。頭小頸長兮，多營求於藝術。項小頭大兮，常沉痾而卒夭。

(三)頸項痣相

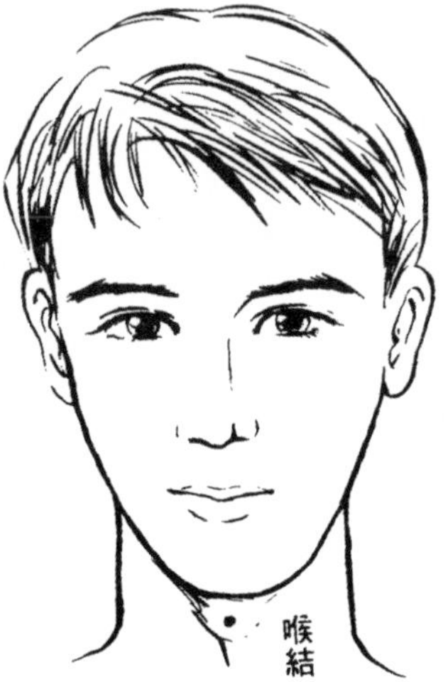

1. 喉結有痣的人與志趣不合的人結爲夫妻。
2. 喉結有痣的人，六親緣薄，親戚疏遠，手足不睦。
3. 性剛氣急，遇事衝動，感情用事，容易吃虧上當。
4. 喉結左右附近有痣，亦如前述，唯其象意減論之。多情任性。
5. 頸斑不潔者，或有惡痣者，心多計較，性鄙多滯。

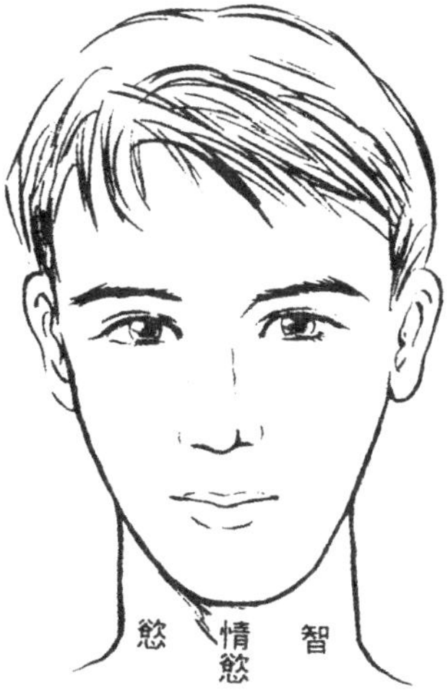

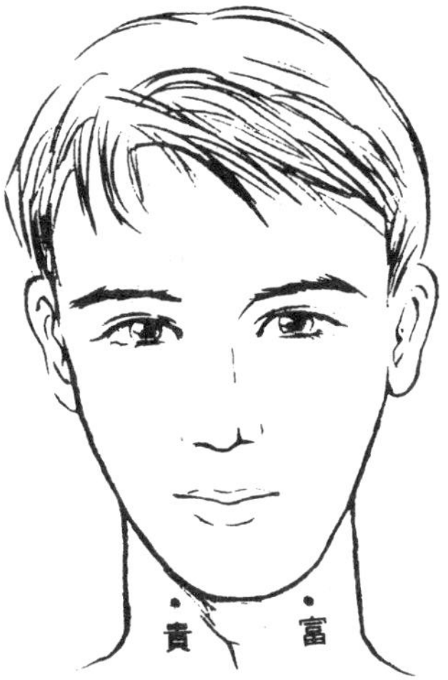

6.痣生喉結以上之頸者，有頷遮蔽，猶隱痣之吉，理智多情，故左主富，右主貴，頷部有之最驗。

7.頸部三停，上停司智慧，中停喉結司感情，下停司慾望，貪婪計較之心愈熾。

8.頸部自耳後頸脈垂線分，前為頸，後為項。前頸垂直三分，左分司智慧，中分喉結司感情，右分司慾望。

9.人之頸項名為天柱，咽喉下而近上者，王得貴人提攜，其近軀體者，主傷死，故痣斑部位最要精確。或稱喉結有痣，刑傷配偶，生離死別。

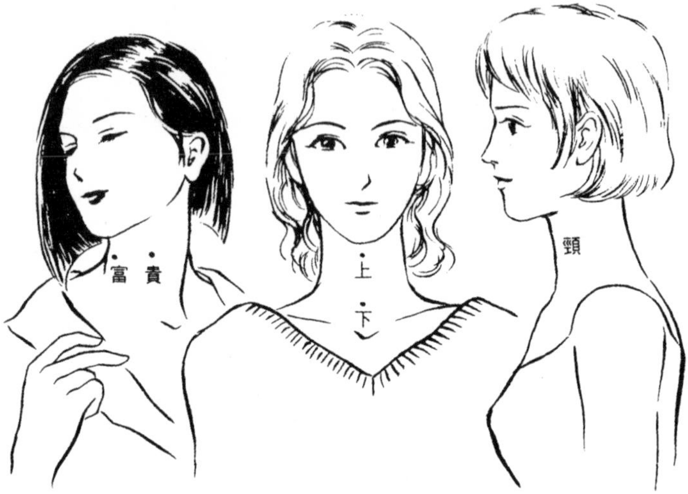

10. 女性喉結之右有痣，其約當旗袍衣領處，俗稱「服裝痣」，主自尊心強，主觀強烈，有審美素質，喜好衣飾，穿著好看。

或稱「右富」、「左貴」，喉結之左有痣者，多情而易受人利用。

11. 項窩有痣，主觀強烈，審辨力強，愛慕虛榮，衣祿無缺。

如果女性有之，善痣得貴人鍾愛，得天獨厚，衣服特別多，正是俗謂「女人衣櫃總是少一套衣服」的典型。惡痣則夫妻貌合神離，只擅積蓄私房錢而不善理財，有些慳吝小氣。

12.項背有痣者，善痣主財富，亦主誇張虛榮，衣祿豐盈。

如果爲惡痣者，又稱「遺忘痣」，主心神不屬，動輒健忘，缺乏理財之觀念，甚至有些「購物狂」或浪費之傾向，恐有負債之苦。

第二節　背肩臂膊痣相

(一)背肩臂膊詩（五首）

背脊豐隆福自堅，莫教薄小損天年，宛如貝字眞豪富，姬妾成行聞色妍。

背平膊厚富盈餘，肥馬輕裘總自如，形體差池神不足，名爲鄉愿果無虛。

背聳三山臂膊肥，家藏鏹寶任施爲，有胸有腹成壬甲，要得高官雨露遲。

爲何艱苦爲何忙，背脊成坑不自量，此是前生窮種子，可憐今世一空囊。

爲人只怕背肩寒，寒了背肩事事難，經濟才高焉用世，吟風弄月把琴彈。

(二)背肩臂膊捷徑

夫背者庇也，庇護於子孫也。肩者堅也，堅厚於一身也。故崎聳其後命三山甲之名。欲其嵯峨而峻豊，厚而立斯爲肩背之美矣。尙必觀其厚薄詳其豊陷以審其安危，可定貧富壽夭。豊厚隆者富貴薄，陷者貧夭。背後有骨隆然而起如伏龜者，食祿二千石。背如負物者大貴。前見如仰後見如俯不貴則富，豊厚凸起者福祿偏，薄斜側者貧夭，平潤者多福少災，見骨成坑者多厄而貧，三甲成者貴而壽，方且長者智而富，短而削薄而寒者貧賤，如團扇者至貴。窪深如溝渠者至貧，肩削肩寒者貧賤。又臂號龍骨，膊爲虎骨，上壯下細上長下短者，龍呑虎貴也，下壯上細下長上短者，虎呑龍賤也。肩膊肥厚者富貴，蹇削小者貧賤，與背膊相稱者自然福祿。

訣曰：肩潤背厚富足三代，膊厚而肥富有之姿，背聳三山富貴清閒，背有三甲終久必發，背脊成坑勞苦艱難，背狹肩削一生貧薄，鳶肩雀腹室家不足，臂厚膊肥千煩無疑。

賦曰：背聳峙後兮，徵福澤之有無，號爲三甲兮，作一身之匡扶，長闊兮身登宦途，豐厚兮坐享田湖，肩削背虧兮，實愚頑之薄夫，背陷肩寒兮，乃囊空而腸枯，背若屛風兮，蔭妻子而有謀謨，肩若寒極兮，終刑傷而挾蒿蘆。膊肥兮，席豐履厚永勞敷，臂厚兮，家肥屋潤志不殊。

三 背肩臂膊痣相

1. 兩臂挾、腋窩，名「金匱」。

痣藏不露，主爲人誠信，言語無虛，爽朗謙遜，有惻隱心，故主財富。

如有惡痣者，輕言諾而容易失信，且以自負驕傲，自私任性，故與人寡合，無信無

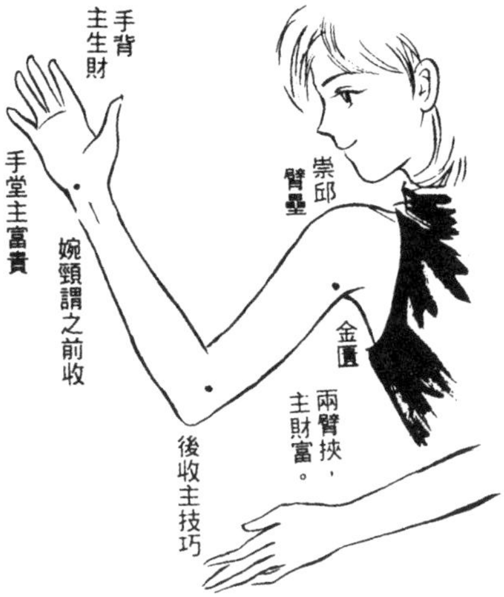

義也。

2. 兩臂曲交，即臂彎，名「後收」。主爲人聰明機變，精打細算，有專長技巧，亦主積蓄致富。

3. 腕頸之交，即腕頸紋處有痣者，亦主聰明技巧，工作力強。

4. 手掌或手背有黑痣，大多主吉祥，惟手掌上的黑痣，不宜沖破主紋。

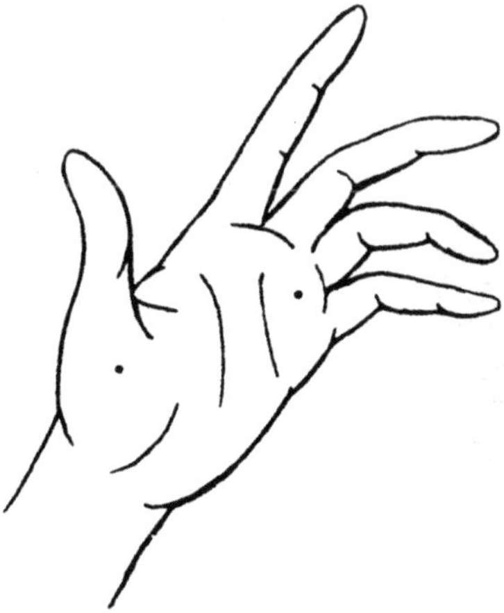

【色潤主富貴】

手上的痣，以色如硃砂者，上上，黑如點漆者，也算很不錯，總要圓明突起，乃能發生強有力的作用，不怎麼明顯的，那就不免要稍遜一籌。

手上的痣，往往可作爲一個人運道好壞的測候器，其痣紅的鮮紅，黑的漆黑，並有光彩，氣象潤發，無疑的這是交好運，做官的「祿位高升」，居家的「人興財旺」，總而言之，凡事順心如意，絕少憂惱。

反之，其痣有焦枯晦暗的現象，便不是好預兆，做官的「丟官罷職」，居家的「退財嘔氣」，甚至還有更壞的運氣在後頭呢！這種看法最簡單，假如閣下手上有痣，你便可以隨時自己拿來作爲氣的晴雨表。

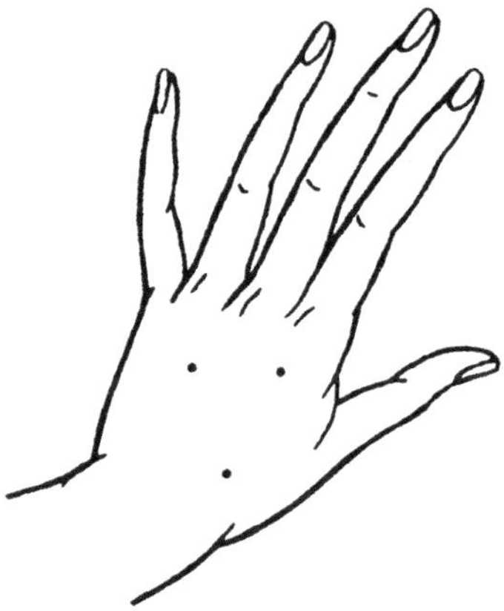

【形勝主生財】

5.以手相而言，左、右手各有不同的解釋。相痣時，左右位置的不同也大有關係。以男左女右的手痣爲基準，可以看出青年時期的社會運勢，或事業的前途。例如，男性左手食指上如有痣的話，則是年輕氣盛、野心勃勃，但時遭挫折，雖受到家人信賴，卻被周圍的人指責輕視。

若以男右女左的手痣而言，可看出中年以後的家庭生活或事業的運勢。女

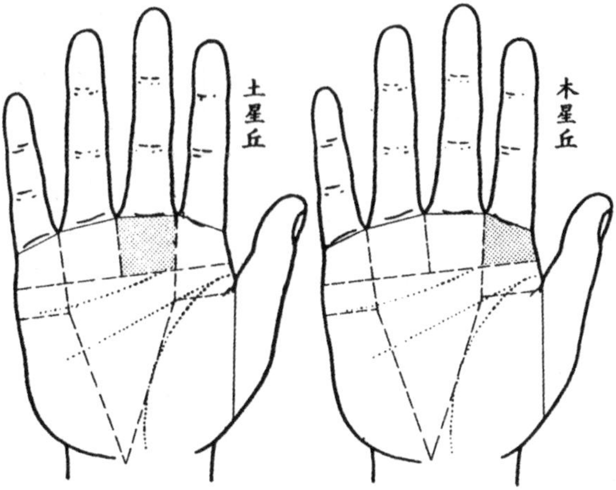

性左邊的痣，年輕時是冒險犯難、力爭上游的人，即使已過中年，雄心仍不減當年，逞強去做他人所不敢做的事，因此她的事業大有成就，備受社會尊崇，然而事業與家庭無法兼顧，由於未能克盡母職，疏於對家人的關懷照料，在家中的地位反而無足輕重。

6.手掌上的痣相：

食指下的木星丘，表示支配力、野心、希望、名譽、權力。

木星丘有痣的人，偶有散漫，不經大腦思考，社會信用很低，做什麼事者嫌礙手礙腳的，所以欲得償宿願，殊非易事，尚待努力。

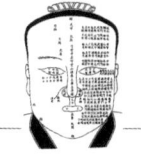

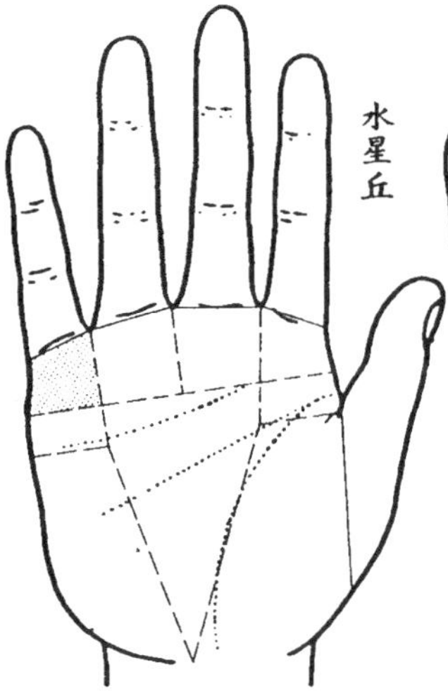

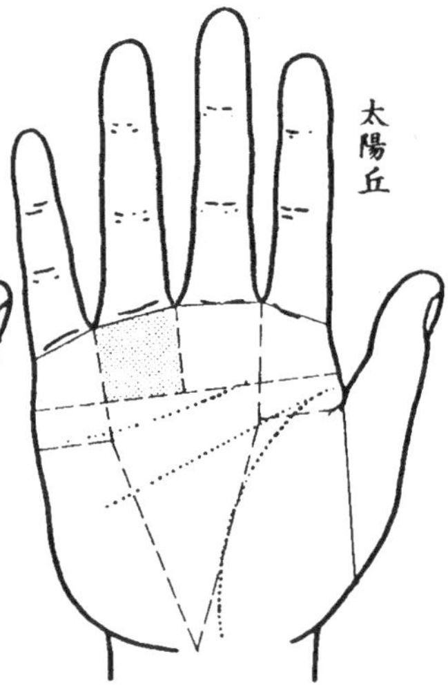

中指下的土星丘，表示警戒心、細心、判斷力、誠實、神祕性。

土星丘有痣的人，由於疏忽大意或判斷力差而犯錯，特別是土星丘平平的人，警覺性不高，易受騙、失竊，火傷也屢有所聞。

無名指下的太陽丘位於無名指至感情線之間，太陽丘有痣的人，活潑好動，靜不下來，可惜審美力差。

太陽丘的痣如是善痣，是否可以轉危為安呢？其實此痣也不能視為吉祥之痣，太陽丘有善痣的人，愛慕虛榮、喜裝飾門

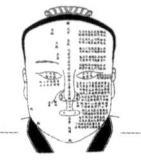

面，做事容易厭倦，心中慾望未獲滿足而焦躁不安。神經衰弱，歇斯底里。尤其太陽丘正中部位有痣的人，心臟易生毛病。

水星丘有痣的人，因金錢糾紛導致事業失敗，不善交際，與人辯論張口結舌，沒有科學觀念，性關係不諧和。以上均可能出現其一。

水星丘如有痣，早熟、男女關係隨便、說話不當、結婚復告仳離。在健康方須，須注意生殖器的疾病。

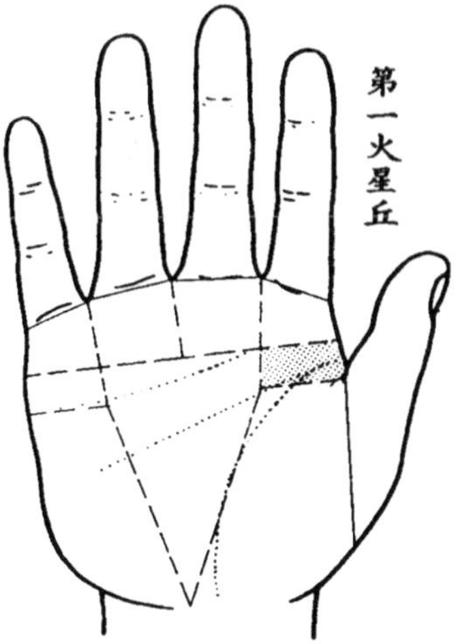

在結婚線出發點上有痣，婚姻不美滿，所以切勿一時衝動而結婚。結婚線中間的痣，應防婚姻倦怠期的感情絕裂。

痣如出現在結婚線終點，也意味婚姻生活亮起紅燈，夫婦分居。

手掌的第一火星丘，位顧生命線頭到大拇指根部的小部分，此處如有痣的人，做事逾越本份而踏出錯誤的第一步，以至誅連親友。一遇困滯就束手無策，被人譏評缺乏自尊心，不然就是極端的有強烈自我感。

凡是第一火星丘有痣的人，消化器官、肝臟有病。

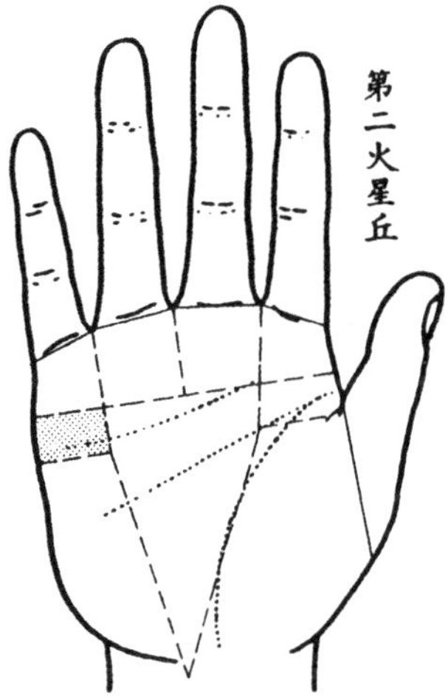

位於感情線下端的小部分是第二火星丘，如第二火星丘有痣，並不是正直的人，而是壞心眼，若惹嫌。

第二火星丘的痣，看遺傳性疾病、中風，或呼吸系統的毛病。

如果有人的第二火星丘上從手掌外側向中央有一條橫線，稱爲反抗線，與人競爭必求勝，或反抗心強烈。

反抗線向上如有痣的人，反抗心尤烈，自己有錯不認錯，反而遷怒他人，一心一意主張自己意見，切勿一意孤行，否則有礙人際關係。如有堅忍力，加

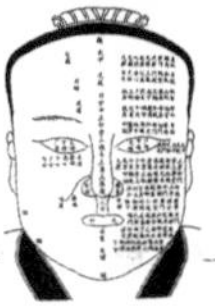

上不服輸的性格，會超越障礙邁向理想，是爲成功的原動力。

相反的，如向下的反抗線有痣的人，反抗的心理深埋在心，於對方面前默默不言，但轉過身來卻大事數落對方的不是，甚至耿耿於懷，伺機報復。

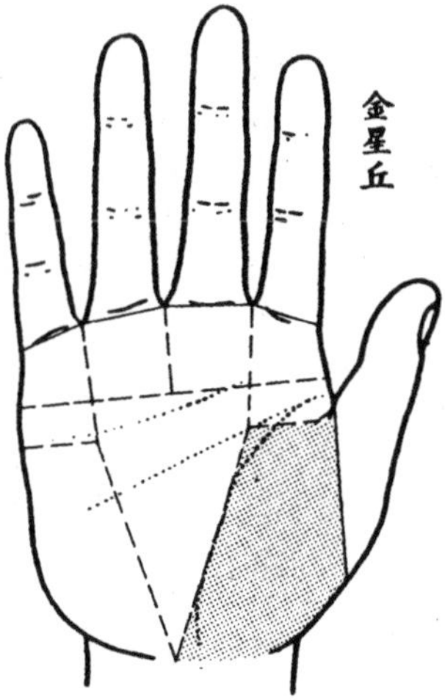

金星丘位於大拇指根下。因生命線長短不同，而金星丘命運亦不同。金星丘靠近生命線有痣的人，常受親戚、情人干擾而不安。金星丘的上部遠離生命線有痣的人，有失戀、苦戀的悲哀。

在生命線外的金星丘有痣的人，與朋友交往不順利，甚至會被朋友背棄。爲形勢所迫不得不花錢消災的例子比比皆是。這種人由好的一面來說，是本性善良，不過必須配以智慧，作適當的發揮。金星丘下部離開生命線有痣的人，浪費奢侈，精力衰弱。

金星丘寬廣厚實的人如有痣，因好漁色而傷身，精力銳減，因冶遊獵艷而有額外開支。

幅度小而平坦的金星丘有痣的人，容易疲勞倦怠，性生活的步調不一致。

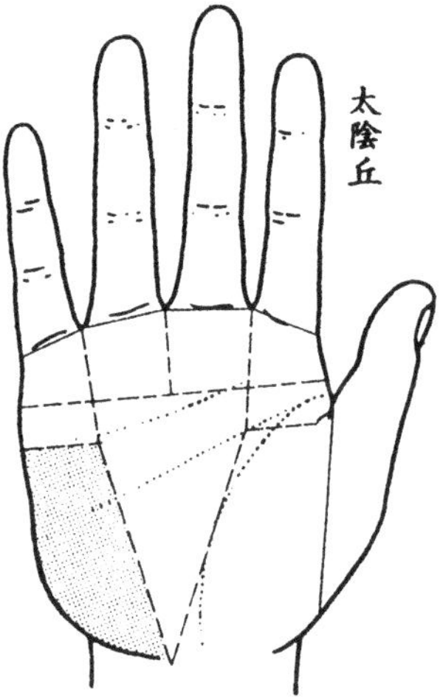

月丘（太陰丘）位於第二火星丘下方至手腕，代表浪漫、美麗，但是月丘有痣的女性，患歇斯底里症，缺乏夢幻情調，找不到女性柔媚的氣質。男性則感受遲鈍，易患神經衰弱，所以不宜從事文學、美術等文藝工作。

月丘平坦有痣的人，欠缺溫柔細膩的性情，自私自利、蠻橫不講理，被人視為偏激份子，思想沒有彈性，頑固不理他人的意見，如有的人愛辯說：「我偏要這樣！」「我根本沒這意思。」即是。

月丘比常人高出的人如有痣，想像力豐富，喜歡作白日夢、吹牛、信口開

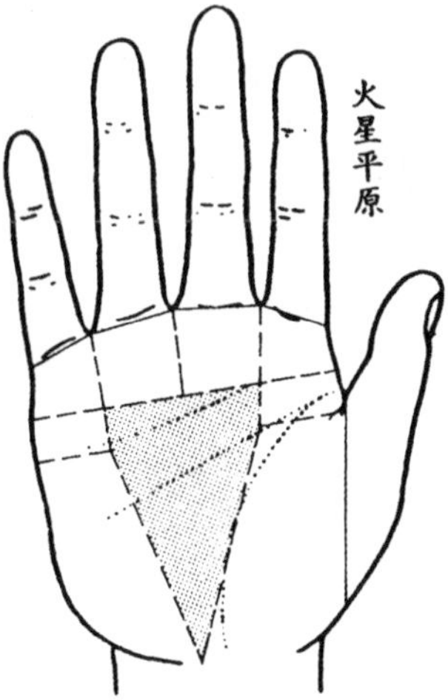

火星平原

河，對人冷漠、不體貼，以至結婚遲。必須特別小心呼吸器官或循環系統罹患疾病。

火星平原，是爲手掌凹陷部分。

痣如在感情線旁邊，因感情濃郁而常發生感情糾紛，戀愛常常失敗。

智慧線附近有痣，因爲預估偏差而全盤失敗，所以尤要注意事業上的挫折。

生命線附近有痣，表示家庭不睦，體質文弱。凡火星平原凹下的手掌有痣，器量狹窄，爲了金錢損失而站不住腳。

如手掌寬厚，火星平原平滿有痣的人，利己主義，如欲成功，不可因小有不如意就亂發脾氣，若能規過向善，前途光明燦爛。

7.手指上的痣相：

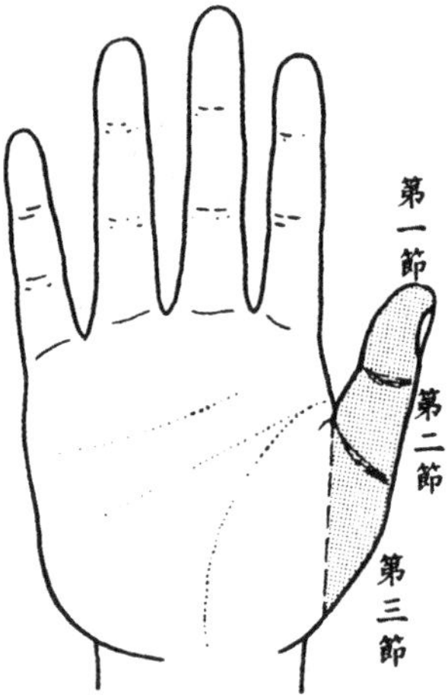

大拇指第一節的痣，個性果斷堅決，如果一路通暢無阻沒有波折，這種性格錦上添花的帶來好運。然而一旦挫折，因其個性頑強，不知變通，錯也錯到底，擇「惡」固執，結果導致人際關係上、營業上處處失利。

大拇指第二節的痣，欠缺判斷力，感情用事，無理性，易招他人輕視，渡過一段不得意的時光，才可望時來運轉。

大拇指第三節有痣的人，深受異性著迷喜愛。但第三節上的痣位於內側金星丘，運氣其壞無比，唯較偏向外側的痣可挽頹勢。

大拇指第一節、第二節上的善痣能避免前項缺陷，第三節上的善痣，則是性愛的玩家。

食指第一節的痣，精神不平穩，過於鑽牛角尖而執迷不悟，愈陷愈深。他

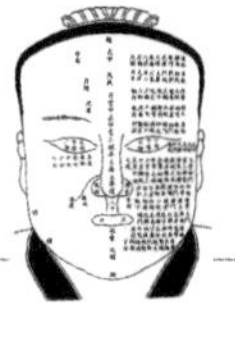

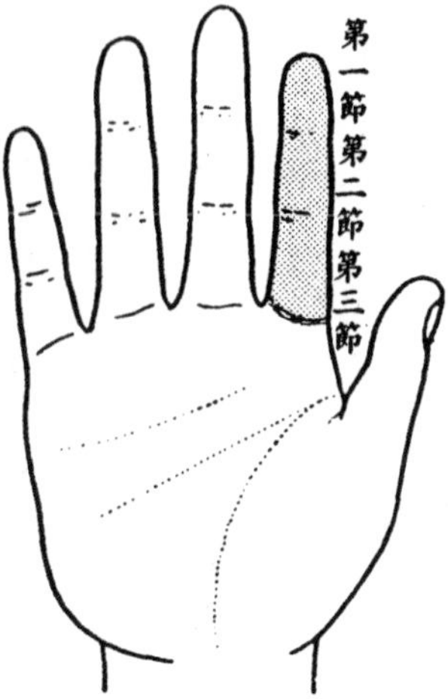

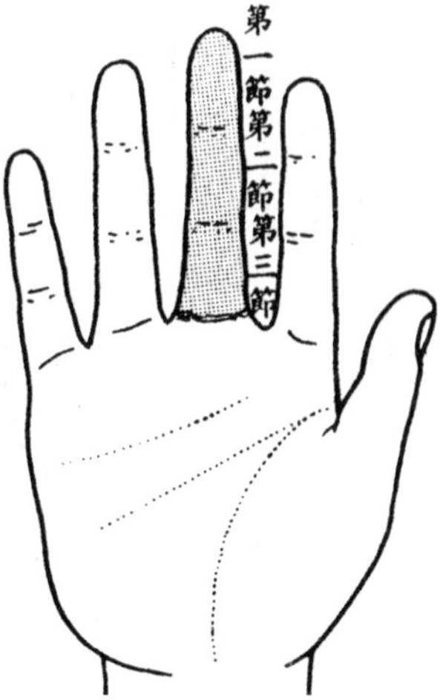

的聲望也起伏不定，如從事關於名望所繫的職業，這種痣極不受歡迎。

食指第二節的痣，野心家，由於他強烈的野心所趨，更發揮超乎常人的鬥志、衝勁。唯當食指與中指同長，自尊心強，因野心的作祟而成爲獨裁的作風。

食指第三節的痣，缺乏體諒他人的度量，稍有拂逆就大發脾氣，人人退避三舍也。

此種性格如走火入魔，很容易發展爲好妒，如果愛人不經意的多看別人一眼，就懷疑對方已變心，由於一念之差而毀掉雙方的感情。

其次我們來看中指，中指第一節有痣的人尤須處處小心。脾氣暴躁，在工作上與人一言不合就臉紅脖子粗，特別是中指短小的人，更是與人格格不入。所以有此特徵的人要注意修身養性，「嚴以律己，寬以待人」便能化干戈為玉帛，工作愉快，事事順心。

中指第一節有痣的人，如中指自然伸展而第一節斜靠食指，引起軒然大波使社會不寧，如彎向無名指，帶給家庭不幸。

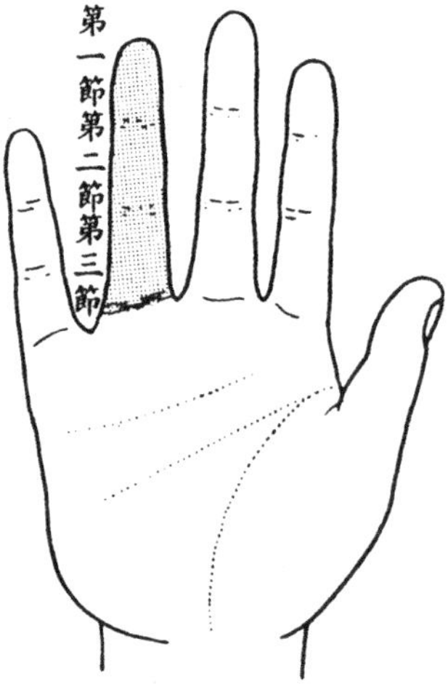

中指第二節的痣，為人小心翼翼，自尋煩惱，所以多想無益。

中指第三節的痣，思考欠周詳，婚期延擱或婚後與妯娌、婆媳間的關係不和諧，欲達圓滿融洽氣氛，勢必費一番苦心。在用錢上純以自我為出發點，所以要慷慨寬宏的為人著想，人際關係上才能打

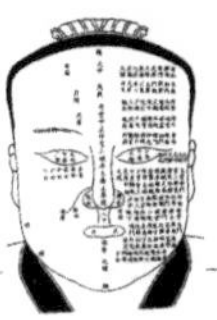

開。

無名指，表示審美能力、才藝、勝負運、家庭狀況、財運。無名指第一節有痣的人，性情散漫，審美力差，宜在藝文活動以外覓職。如果無名指第一節長的人，喜歡美好的東西，好虛榮、做事浮躁。第一節短的人，審美感遲鈍，情緒喜怒無常，因而做事常失敗。

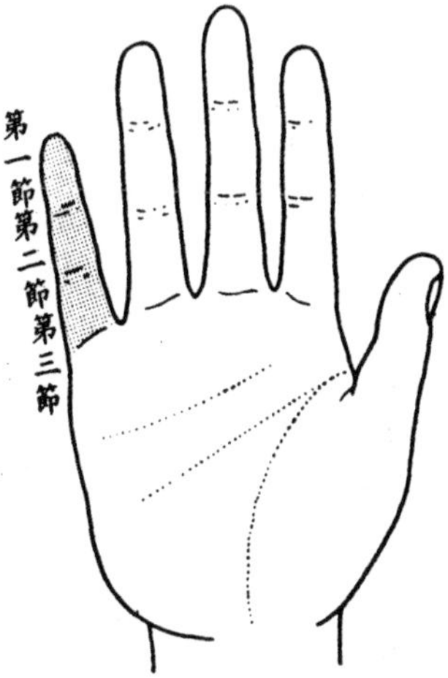

無名指第二節有痣的人，不論是長是短，從事股票、房地產投機生意，或嗜賭，不但什麼都撈不到，反而連老本都賠進去。而無名指短的人，更是每賭必輸；無名指長的人除沉迷賭博外，追求冒險刺激，所以比短的人更是險象環生。

小指表示個性、商業才幹、口才、科學性、子孫運。

小指第一節有痣的人，拙於言詞，不

知變通，缺乏隨機應變的機智。

小指特別短的人，口拙，言語表達能力不流暢，所以不宜從事廣播、接待員的行業。如小指第一節較其他指長的話，撒謊成性，然而總露出破綻被人識破。

小指第二節有痣，不善理財，對於商業完全外行。尤其小指又短的人，更不適合做商人或科學家。小指第二節獨長的人，巧言惑眾；若小指彎曲的人，更是招搖撞騙、嘩眾取寵。

小指第三節有痣的人，在商業方面有小聰明，卻不用於正途，因而聰明反被聰明誤，或是任性浪費。而且與子女緣薄，難有子女。

8. 兩肘頭，善痣主財富，惡痣主災厄。

肘頭善痣，男性奮鬥進取而心慈親切，女性好奇心重而充滿憧憬幻想。

肘頭惡痣，男性活力不夠，本末不分，輕忽事情，易遭失敗、災厄，女性意志薄弱，消極悲觀，大多遲婚。

崇邱者，約當手臂肌肉賁起邱近肩者，上而近腋曰死門，下而近肘曰臂壘。

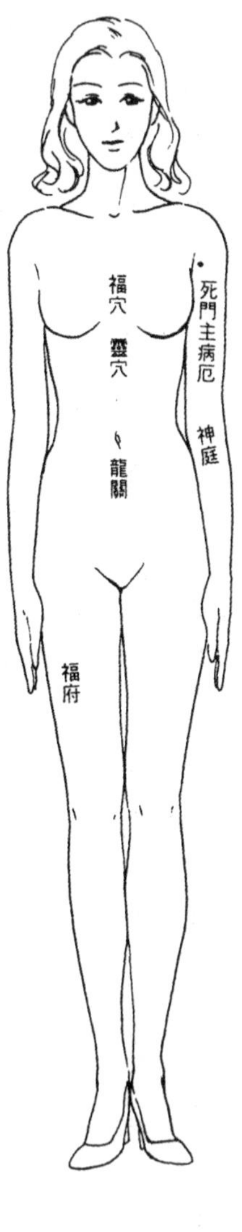

肘頭主富財。
兩肘近上，謂之死門，主病厄。
兩臂外，謂之厄門，主刀刃亡。
兩肘內近下，謂之臂壘，主富有。

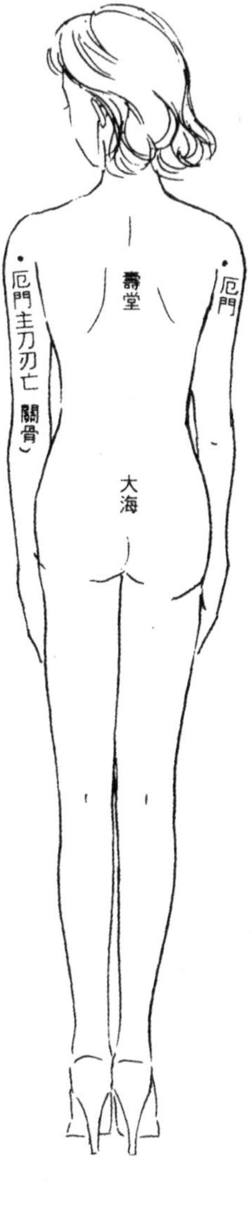

關骨又兩肘頭，主災厄。名盜部。

兩肘下，謂之金匱，主富，並好道釋。

使屈交向前，肘頭在後，則神庭在前，盜部在後。

9.把雙手自然立正伸直，兩肘頭可見關節骨突出部位，稱爲「關骨」，又名「盜部」，義其人因爲工作忙碌或精神恍惚而容易遺失財物，並主盜竊、災厄。

10.把雙手自然立正伸直，關骨之前有凹窩處，大約相當於曲池穴部位而名「曲池穴」，或簡稱爲「曲池」，主感覺反應靈敏，直覺強烈，神經衰弱。

11.曲池穴之前，臂彎曲交紋之前，這裏因爲關節骨而微賁隆，謂之「神庭」（按：脅部亦名「神庭」，切勿混淆。）主爲人妄邪，神經衰弱。

12.手臂崇邱（按：兩臂亦名「崇邱」。）下，在兩腋附近，前曰「死門」，主病厄，後曰「厄門」，主刀刃亡。大抵因脾氣暴躁，膽大心粗故也。

13.崇邱下爲臂壘，主富有。

按：一說上臂爲崇邱，下臂(小臂)爲臂壘，大抵因爲書說之不同而容易混淆，我們只要記住部位就不會混亂了。又有以爲小臂爲「金匱」者，俱主財富。

14.上臂有痣，表示社交活潑、工作積極，小臂有痣，表示機變敏感，具家

庭責任感、爲人勤儉。

15. 書云：

兩肩上有痣者，貧苦。

兩肩前者，主人性淫。

兩肩後者，主有財穀。

兩臂上謂之崇邱，多主產業而貴。

註：崇邱，指肩臂之交處而隆起之處，適可釋前混淆之疑。有「痣理大全」名爲「搭手」者。

其詞曰：

痣生肩背兩搭手，女子愁兮男子優，

潑婦自是要當權，剛強自許男人頭，

自強不息在人前，興家創業決無憂，

求名求利前程大，大志大業自然週，
買田置地廣無比，安居樂業大廈秀，
貧居鬧市無人問，富在深山遠親走，
君名中外把名揚，五湖四海多交遊。

又按：搭手爲皮膚病名癰疽之屬，常生於兩肩骨之動處，或脊骨兩旁或腰窩。

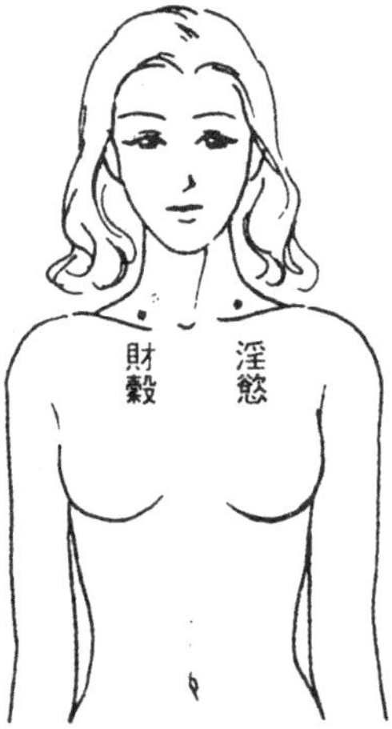

又曰：偏發背。

16.肩頂上的痣，主家庭責任感重，能吃苦耐勞，值得信賴依靠，所謂「任重道遠」痣也，左主「任重」，右主「道遠」，雖擅社交，卻以拖累負擔太重，大多辛勤，甚至貧苦也。

17.肩前有痣，尤其是在鎖骨上或愈靠近者，感情豐富，爲人隨和，不願得罪別人，

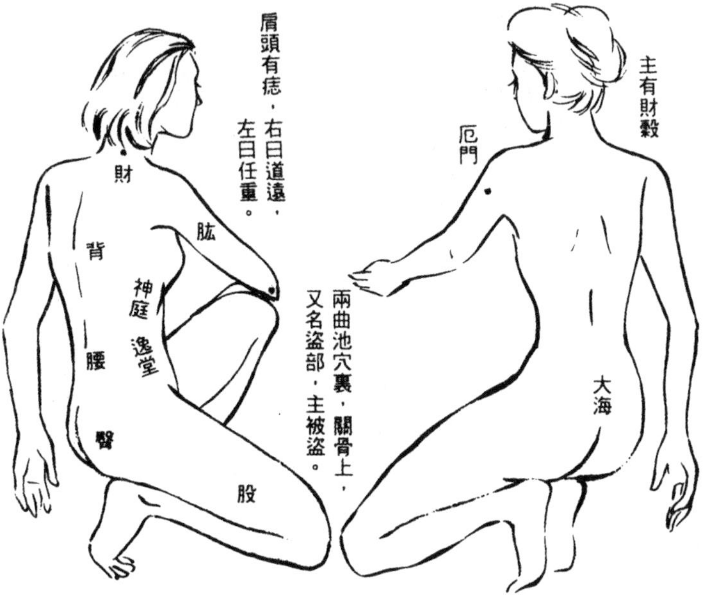

而且易受別人影響利用，如果男右女左有之者，表示性慾旺盛，有異性緣，不免私情淫慾也。不在鎖骨則主有財穀。

18.肩後有痣，挑擔所不能壓，多爲奇才，受祖宗餘蔭，且貴人明顯，百謀皆遂，主有財穀，甚至田宅廣進。

19.項、背、腰之分，大抵可依脊椎骨而分劃之：脊椎骨二十四節，頸七

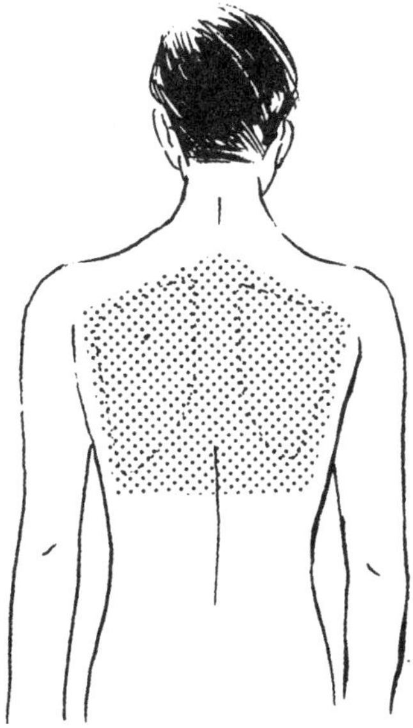

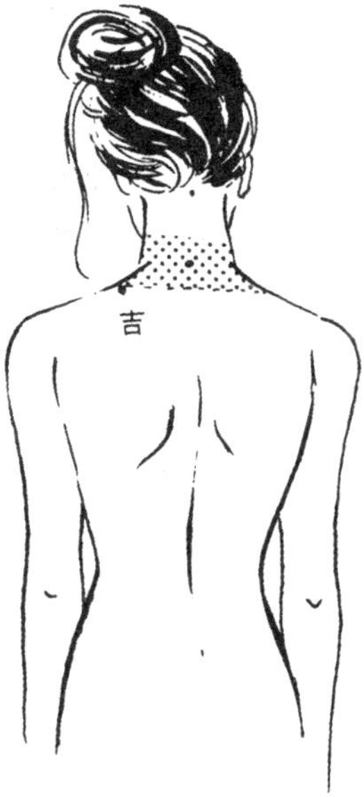

節最小，背十二節最多，腰五節最大。

一般目視，大抵取項至臂的中心爲劃分，上爲背部，下爲腰部。

背心稱「壽堂」，後腰心名「大海」。

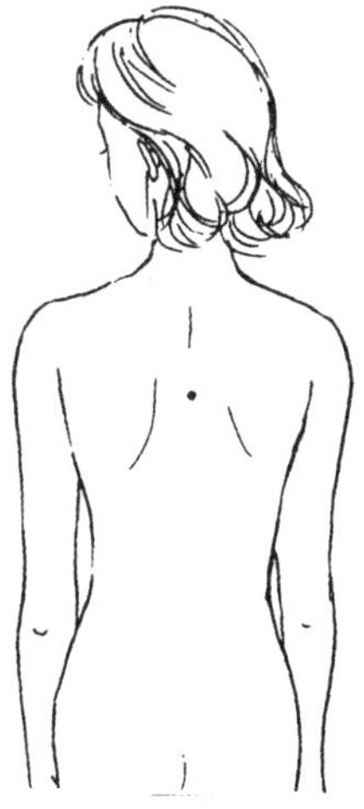

胸後骨上謂之壽堂主多壽。

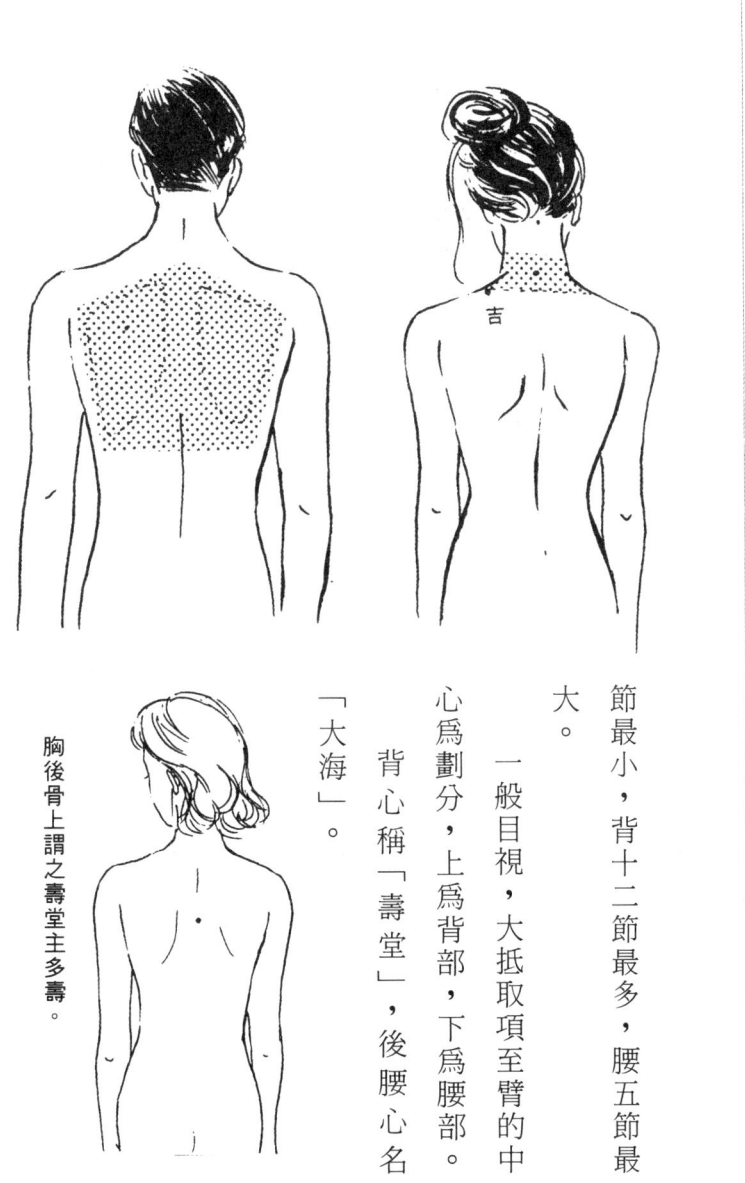

20. 項窩，俗稱「貪吃窟」，主貪慾縱情，感情豊富，放蕩淫佚，容易受情慾引誘而身敗名裂，輕者敗腎性疾。

21. 項脊椎骨上有痣，奉公守法，循規蹈矩，節儉儲蓄，唯有獨斷專行，意氣用事之缺點。

22. 肩胛骨上之背部有痣者，固執成見，反抗性強，工作積極，腳踏實地，性急衝動。

23. 胸後骨上之正背心，名曰：「壽堂」，主人工作勤奮，循規蹈矩，多主長壽。

四 兩臂側痣相

右上肢痣之異名圖：

1. 順遂：生在右膀肩頭，無論男女，皆主做事順遂，一生少遇波折，平安吉慶，人口興旺。

2. 招財：生在右手膀側，螟股之位是也，此痣主招財進寶，不論經營何種事業，不愁失敗，利自常來。

3.懷寶：生在上手膀中間外側，及招財下之位是也，此痣多主身懷珠寶，囊中錢財不斷，手上金銀放光。

4.運塞：生在右手膀灣骨之側，此痣不分何人，皆主不吉，凡事不成，經商無利，求職少貴，衣食困難，財源不足，家中人口不安，時患病魔，抑或災

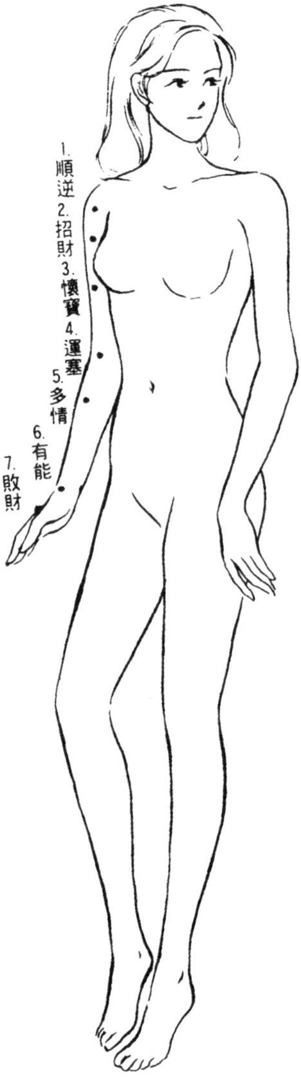

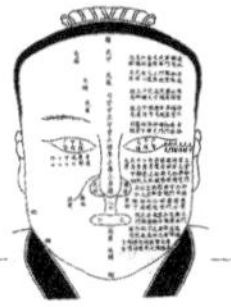

難重重，一生少遇春天。

5.多情：生在右小手膀外側，中間之位是也，此痣女子逢之，有夫不利，無夫可也，男主招蜂引蝶。

6.有能：生在右手腕上下螺骨統是也，不分男女，多才多藝，智慧玲瓏，巧妙計高，手工特強。

7.敗財：生在右手背，不論前後左右，皆主財不能存，手掌難握，左手來，右手去，終是拜成空空。

（按：西方士永賢先生痣註，讀之若不確當，今從其說註圖，宜自考證之！）

左上肢痣之異名圖：

1.暢達：生在左手肩膀頭部位是也，此痣主人做事無阻，求名於朝，求利於市，均是一帆風順。

2.進財：生在左手膀外側，及蟆股之位是也，主日日進財，時時進玉，只見金銀來，不見寶貝去。

3.藏珠：生在左手膀外側，及進財下一寸之部位是也，此痣主男女多積財利，寶貝滿箱，珍珠盈倉，囊中不空，手中不缺，頭頂金瓦，腳踏金磚，美不可言，發達無邊。

4.多舛：生在左手灣外舛骨，此痣主人一生時運不濟，凡事失敗，只見財去，不見財來，多行逆境。

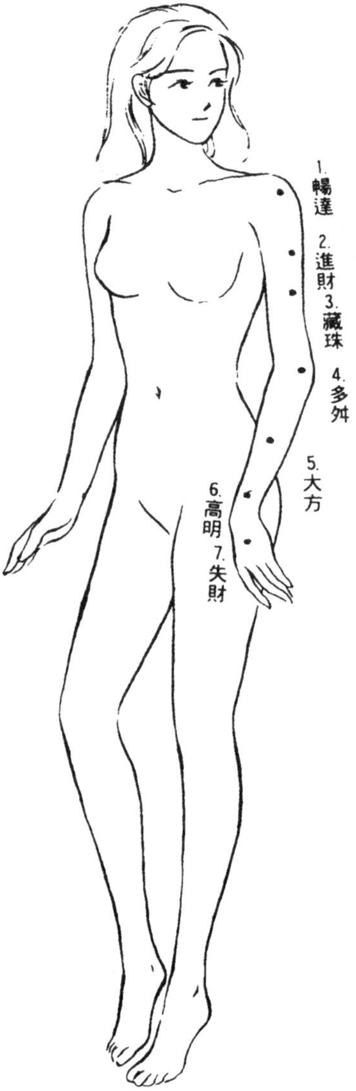

5.大方：生在左小手肋中間外側，此痣主人做事大方，不私不苟，正正當當，無欺無詐，清白可風。

6.高明：生在左手灣寸關尺後邊，此為高山打鼓，有鳴出外，廣見廣多，開明近山，智慧超群。

7.失財：生在左手背，無論前後左右，主人一生不聚財產，左手來右手去，終是兩手空空，故為失財。

第三節　腰部痣相

(一)腰相詩（五首）

腰圍肥厚矗三山，也效陶朱不等閒，鏹寶盈堆家道順，階前都是錦衣斑。

行坐腰身正不偏，精神相應福綿綿，守成祖業家興旺，南極壽星更有緣。

細似蜂腰臀股高，此人不必問雄豪，平生孤獨無依倚，乞得饔飧衹自勞。

腰身扁側不成形，自顧容骸似草螢，舉世茫然多少客，可憐如醉醉難醒。

坐立腰欹望壽難，散離祖業莫求安，相逢識得終身事，刑剋多多子亦單。

二腰相捷徑

腰者要也，正居七節之間，前過臍後通臀，上行夾脊至泥丸，下達尾閭督脈性命之大關。此所以爲要也，內實而外則隆，外美而內自優，肥厚圓潤乃福

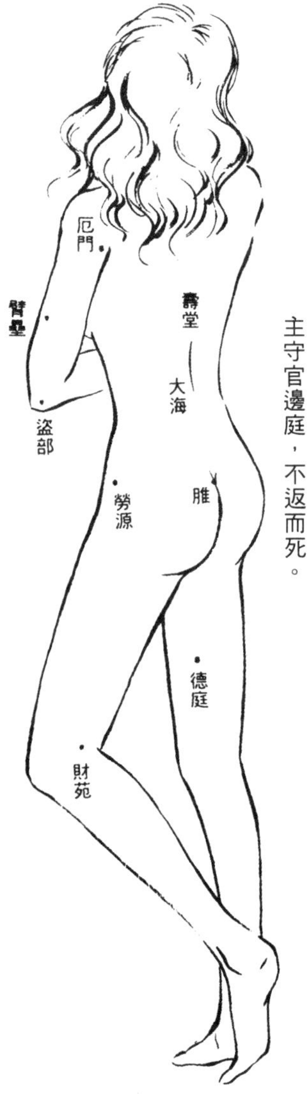

腰當中心，謂之大海，主守官邊庭，不返而死。

祿之人也。若細而狹薄而側乃貧賤之徒也，直而厚者福壽，肥而圓者富貴，裊而曲者淫劣，細而弱者貧夭，背高而腰細者夭，腰高而臀高者貧，有背無腰初發中滯，有腰無背初困中亨。

訣曰：腰大而肥富貴根基，腰闊而圓福壽兩全，厚直背腰福命自高。腰細折弱東走西索，臀高於腰兩腳雲霄，腰薄又側二十之客。

賦曰：腰宜端圓兮乃為背之儀表，富貴可推兮乃肥圓而圍繞，淫賤兮多斜裊，貧愚兮多狹小，腰如蜥蜴兮必遭厄而不少，腰如豈字兮定安享而無了，腰細臀高兮破家都為奇矯，燕體蜂腰兮性命如何不夭。

三腰臀痣相

1. 腰部當中心，約當細腰之處，名之「大海」，表示其人度量寬宏，能夠逆來順受，但亦主飄蕩，離鄉背井，甚至老死他鄉，故書云：「主守官邊庭，不返而死。」

凡腰部之痣，大抵皆具此義，但在事業或愛情上有特別的幸運，往往不勞而獲，尤其是豔澤的朱砂痣或紫色痣爲然。但又耳軟心慈，未免慷慨大方也。

2.大海稍下，相對於肚臍正中的善痣，名「幸運星」，爲腰部最吉之星，主貴人提攜扶拱。

相傳唐玄宗腰有「幸運星」，少年多舛，其父睿宗被武則天逐位，生母亦被弒，其時玄宗由親王被貶降爲群王而流放房州，雖然形勢大大不利，但他忍辱順受，終使武則天回心轉意而立爲皇儲，並得以登基，治政長達四十年以上。因此「幸運星」又被視爲「貴人星」。

3.臀部上的痣，表示其人有才藝氣質，爲人忍讓、慷慨大量如腰部有痣之義，但喜歡說大話，並且好表現才能。另一方面則有異性緣，容易走桃花運。

書云：「未若班班七十二。」相傳漢高祖劉邦臀部有痣班班七十二顆之多，初爲沛縣亭長，很有些市井無賴模樣，且喜說大話，甚至曾被蕭何所輕視，一旦時來運轉，群雄紛起，蕭何則盡心輔佐劉邦治國平天下。故臀部之痣，又主奇才奇藝也。

4.書云：

痣生龜尾術代才，無論男女樂心懷，
百行百藝先知者，溫故自然可知來，
博學中外文學史，茹古含今滿腹戴，
能文能武定大志，掀天揭地志大開，
前程宏靠科甲第，君而穩步丹墀台，
富貴賢士情懷暢，文筆高人他難偕，
龍虎榜中知名士，鳳凰台上貴前排。

所謂龜尾者，蓋古稱尾脊椎骨爲「龜骨」，相對「龜頭」而言也，其象義大抵如臀部之義，主桃花才藝，才奇才奇術，往往大行桃花運，甚至被異性一廂情願的追求。

第四節　胸部痣相

(一)胸相詩（五首）

胸若抱兒宰相才，人間無比是仙胎，形骸妙合何須問，位列三台不用猜。

胸長豊厚福無量，早步雲梯意氣揚，試看君心宏物大，滿懷都是好文章。

胸中廣闊性聰明，毫吐二三有盛名，器量寬宏行好事，班班膝下樂貞情。

胸骨峻嶒小鬼形，自爲自受苦伶仃，勞勞筋骨營謀去，可嘆浮生水上萍。

雞胸骨起最貧窮，作事慌忙沒始終，朝暮營求無下落，勸君只可作豪雄。

(二)胸相捷徑

胸者所以藏萬事爲神之宮廷，宮庭深廣則神安而氣和，府庫傾陷則智淺而量少，故胸欲長厚平闊乃爲智高福祿之人，若凸而短狹而薄者，乃貧薄之人也。胸能匱身者富，偏而側薄而短者貧賤，凸者夭賤，坑陷者窮毒，胸短於面者貧賤，凸然而起者愚下，窪然而傾者貧窮，闊而豎者英豪，肉豊而闊者富貴，狹窄如堆者頑鈍。骨起如柴者貧苦，凹落如槽者窮毒，胸闊無肉者破財，骨肉平匀者仁智，骨肉高低者愚狠。

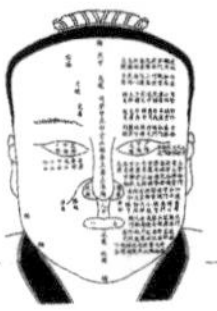

訣曰：胸中黑痣兵權萬里，胸中毫毛（一二毫長黑光者是）名播四方。胸狹而長不可求望，胸廣相長主得公王，胸狹高起貧賤不已，胸若壓身富貴多珍，胸不均平未足爲榮，胸均平滿貲財必廣。胸有毫毛（十毛以下二毛以上必享富壽多毛者亦主貪惡凶亡）志氣必高，有胸無背貧賤如泡，瘦如雞胸一世孤窮。

賦曰：胸平正而長闊兮斯福智之駢臻，肉博厚而寬廣兮懷蓋世之經綸，如覆舟兮必身榮以子貴，能置身分定縉紳而懷仁，一痣當胸兮兵權萬里之虎臣，一二毫抽兮胸藏八斗之才人。似雞胸兮害六親，若括柴兮志不伸，挺然凸起而骨露兮窮濫多瞋，窪然坑陷而薄短兮終窶且貧。

(三)胸部痣相

1. 胸部之痣不宜生鎖骨上，左曰：「賤骨」，主人缺乏主張，奉承諛媚，趨炎附勢，如風吹牆頭草，好壞兩旁倒也。右曰「極貧」，主人貪鄙，貪圖享受，即富亦賤。

2. 兩乳當心者，謂之福苑，亦名福穴，主壽而樂，子女孝順。

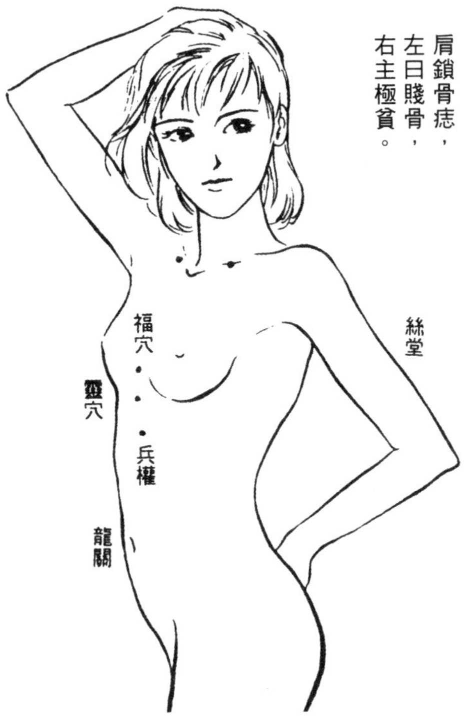

3.心窩上者，謂之靈穴，主智慧兵權，亦主感情純專，欲人敬重。

4.肩前痣與上倉部位有痣者，主有財穀。

5.凡男女胸膛賁隆之乳房部位爲「子女宮」，男性較不明顯，故與子女之關係比做母親的女性爲遜色，女性乳房明顯，故與子女關係密切。主多子女。

6.兩乳房之上爲上倉，左爲「左倉」，右爲「右倉」，乳房之下而在腰上之部位，名「左庫」、「右庫」。

左、右庫主積金帛。

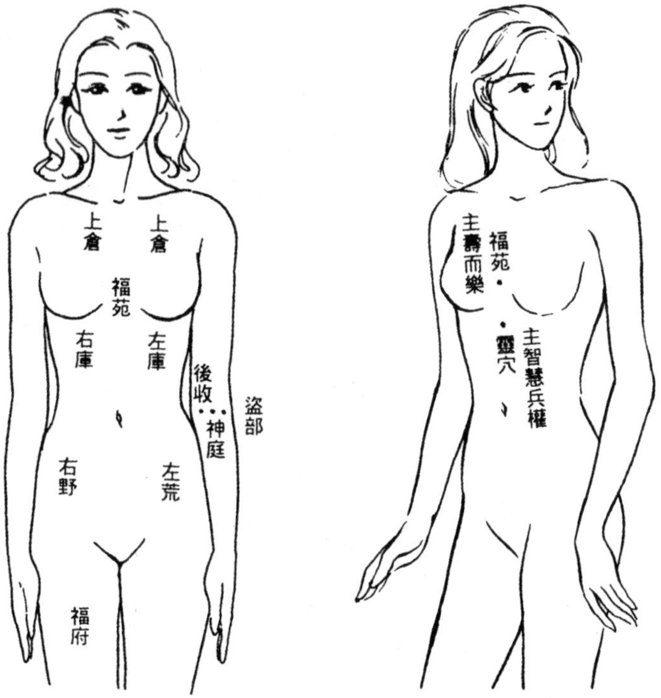

7.筆者力考諸書，「兩乳當心為福穴」者，應指乳頭而言，福穴或名福苑之說，必誤解古文所致。

福苑，指乳房，尤其乳暈有之為驗，主多子女。

福穴，指乳頭而言，主福壽而安樂也。

8.「上倉」大抵指鎖骨以下，兩腋以上之部位而言，主人熱情誠信，且有度量。胸寬的人心寬，胸狹的人心狹。

第五節　乳部痣相

(一)乳相詩（五首）

乳若長垂世所稀，夫人一口坐珠帷，衣冠發族眞綿遠，老看兒孫點額時。

乳如黑椹貴兒多，箇箇成人不受磨，廣積陰功增後福，笑看折桂幾登科。

乳肥寬廣自興家，迪吉悠悠笑語譁，盛矣復衰多不解，只因色白故難誇。

乳頭潔白淡微黃，狹小雖垂子亦傷，滿眼兒孫榮甲第，全憑母乳大而長。

乳小雖寬不足佳，有錢無量性情乖，未曾發跡中年好，幼已成家老慮懷。

(二)乳相捷徑

兩乳皆屬於陽，外宜突爾隆起長而且大，以顯其陽之體質，故成童時男陽精生女天癸至乃爲純陽眞陽。初動即露於兩乳。形類果核，蓋據心胸之左右，運氣血之流通哺食兒女之宮。辨別貴賤之表在婦女尤爲至要，男子一身皆屬陰惟露一點眞陽，是聞陰中之陽爲乾，爲奇，爲履。女人遍體盡屬陽，孤現一點

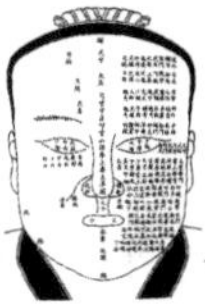

眞陰，是謂陽中之陰，爲坤，爲偶，爲載。女身若非純陽何以能懷胎而妊生，若非兩乳何以受氣血以養育。乳本血氣所化原籍神以宰氣，氣以運血而成此，所謂以鉛投汞，以紅變白。故婦人之氣盛血旺而乳多，氣衰血枯而乳少，乳大肥長其色或紅或紫氣血盛，則生育多。乳小短薄其色或黃或白氣血衰，則生育少。乳大長垂至七八寸者，大福之女發族之婦。而男子乳亦宜開闊，肥人尤要肥大而長，以主智福。肥人乳小終是庸流之輩，即富不久。故乳欲得闊而紫垂而墜，不可狹而白曲而細也。是以乳闊一尺者至貴，乳闊八寸者次貴，乳柔嫩者貴，乳粗硬者貧。乳頭大者志氣多，乳頭小者懦弱絕嗣，乳頭狹者貧賤，乳頭曲者艱嗣，乳頭仰者子如玉，乳頭低者兒如泥，乳長壯而方大者，壽而福。乳頭藏於腋下者，義而富。乳頭長而紫者，賢而多子。乳頭白而黃者，賤而乏嗣。乳頭紫如桑椹者，貴多子孫。乳頭如懸針者，財無一分。薄而無肉者，衣食不足。實而有肉者，財帛豐隆。乳頭生毛者，多藏見解。乳頭黑子必生貴子。

訣曰：乳闊一尺早歲發達，乳頭肥方福壽榮昌，乳若紫色兒孫早得，薄而無肉衣食不足，實而有肉金玉滿屋，乳頭生毫聰明必高，乳細如針家無一金，乳頭若小兒孫必夭，乳頭一仰生兒難養。

賦曰：男子乳大而肥兮，多陳粟與朽貫。婦人乳人小而白兮，常虛爨而悼歎，紫似桑椹兮，必作當朝之屏翰，小如懸針兮，誰云偕老而舉案。乳長且垂兮，弄瓦而弄璋，乳抽長毫兮，為楨而為幹。

凡胸膛賁隆之乳房俱屬男女宮，兩乳頭之謂為福穴。

胸前正中間有痣主才學技能。

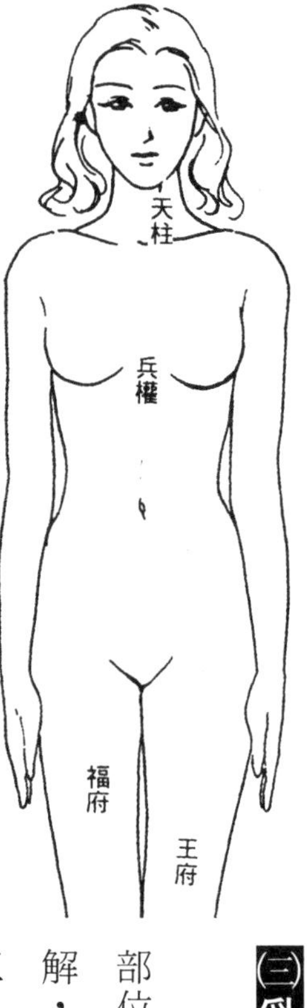

兩乳頭間之凹窪部位，於女性為乳溝處，是謂靈穴。

兩乳下謂之左右庫，主積金帛。

(三)乳部痣相

1. 痣相之難，大約以部位之困難認定而容易誤解，譬如「神庭」之說有三，一指手臂曲交曲池外，一指脅部為神庭，一指胸部為神庭。

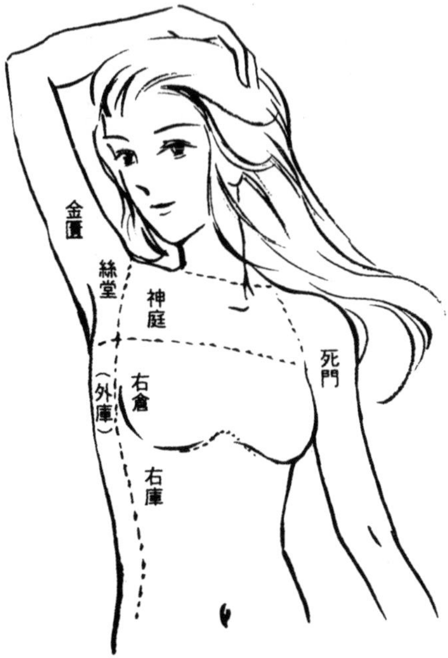

因文生義而知，胸藏萬事而爲神之宮庭爲當。

2.筆者忖臆胸乳部位名稱如左：

左右倉：指乳房而言，主積財穀，又稱「男女宮」。

神庭：指鎖骨以下，兩乳房以上之平坦部位如庭院者，主智慧才藝。

靈穴：心窩當中，有稱之爲「福穴」者，主胸羅萬有，才學技能，胸有成竹，赤主富貴。

福苑：指乳暈而言，主福壽

安樂。主宜男女。

福穴：指乳頭而言，主心慈大量，又主福壽安樂而多男女。

左右庫：乳下腰上之部位之謂，左庫主富貴，右庫主財富。

外庫：（或稱足指間謂之外庫，而脅部為神庭，此或誤解不當。）兩脅在左右庫之外，故宜名為「外庫」，主聲譽昭彰，誠信博學，並主多奴僕也。

3.書云：「七星左脅貴為郎。」

或傳說朱夫子左面有七痣如七星佈列而貴。

又相傳朱夫子左脅有七星，故得官貴。

考之正面七星或附會「額上七星」之誤，如左面有七痣，恐有居官失職，破財之虞，故不論傳說之正確性如何，當以左脅（外庫）有七星而貴吧！

4.假設胸部亦可以「智情慾三分法」，則胸上「神庭」主智慧，乳房主感情，胸下主慾望，而左胸部位主智慧，中心線部位主感情，右胸部主慾望，若可以如左頁圖示意以為推想痣相之意義矣！

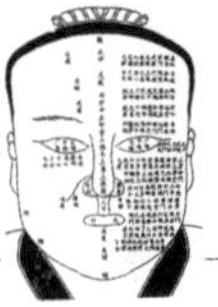

(1)智之智：主胸羅萬有，因智得貴。

(2)智之情：主才藝技巧，因才藝成名。

(3)智之慾：主學藝權威，因學有專長而成名富貴。

按：上胸爲神庭，有痣者，大抵與理智才學有關。

(4)情之智：感情豐富而具理智，用情深摯而寬宏大量也。

左乳房宜名之「左倉」，表示此部位儲蓄著感情、理智、財穀、精力，故心慈而寬懷德下也。

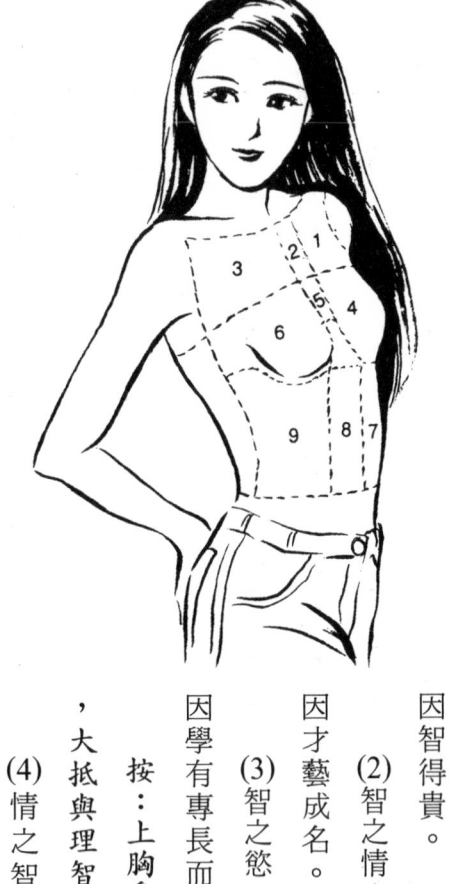

左乳暈有痣，喜歡子女，而多作愛卻又主張計劃生育或節育。

左乳頭有痣，生育力強，主張節育。

(5)情之情：感情豐富深摯，有感情獨特，並且欲人尊重，難免有些意氣用事，或鬧情緒之傾向。

如居正心窩有痣，名曰：「靈穴」，主兵權，欲人尊重，甚至有離鄉背井，遠郡揚威成名之意。並主才思靈感，預感力強。

(6)情之慾：感情豐富而奔放，比較熱情而放蕩，容易受其他異性之引誘而影響夫妻感情。

右乳房、乳暈、乳頭有痣的意義如左乳同論。

按：胸乳部位表示愛情與子女情緣與運氣，故靈穴處有惡痣者，主感情絕裂，薄情寡義，偏左曰：「狼心」，偏右曰：「狗肺」，故痣相之立命，大多可以望文生義。

(7)慾之智：此爲左庫部位，亦主性慾旺盛，注重財富，並具理智，故因富

得貴也。

(8)慾之情：風流多情，放蕩淫佚，並主多才藝，故具異性緣，而且容易發生畸戀。

(9)慾之慾：注重物質及性慾之享受，善痣有異性緣及財運，惡痣則恐放蕩淫佚而拋家不顧也。

按：左右庫部位，主財富，次主異性緣，本此而有所印證試驗也。

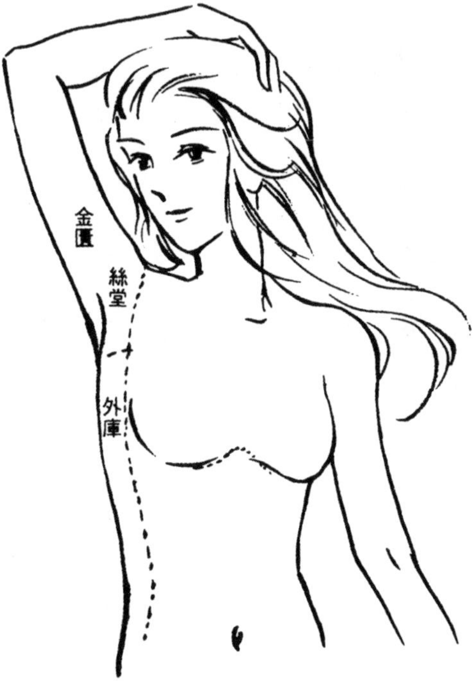

5.胸側部位之脅部痣相，鮮有論議，大抵擬如胸背痣相意義之中間聯絡意義研判之。

6.腋下或曰：「絲堂」，

或名「金匱」，主財富。

或有稱「絲堂」有痣，主蠶絲者，非當。蓋絲堂因腋有腋毛而名，其隱於兩臂挾而名之「金匱」也，大抵具有邏輯分析審辨之才能，義如抽絲剝繭而名也，故習痣相，不妨選擇古籍推敲，望文生義而能漸得其精要矣！

7.脅部爲「外庫」而不可以爲「神庭」，已途述如前，請自參考之。

第六節　臍腹痣相

一 臍腹相詩（五首）

母炁在臍世罕知，而今子氣不能離，高生於上多心志，低象模糊是下資。

臍能納李棟梁材，腹若垂箕斂貨財，如此形模稱上格，終當超越不須猜。

腹闊臍深智慧生，談今論古有才名，少年未遂鴻飛志，灼灼精神見晚成。

臍凸性庸福不嘉，膠膠擾擾亂如麻，貲財若也無消散，怎得飛身入紫霞。

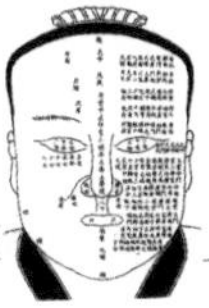

雀腹之人莫詭謀，詭謀謀就反生愁，欲知端的原無橐，任是心肝怎出頭。

二 臍腹捷徑

夫腹者伏也，爲一身之爐冶，所以包腸胃而化萬物也。臍者齊也，帶脈之所六府總領之關也。故腹欲圓而長、厚而堅，勢欲下而垂，故曰腹象陰而藏物萬物皆聚此，所以爲伏也。玉篦曰：居上則智居下則愚，腹皮厚多智而富，腹皮薄多病而賤，背有三甲腹有三壬（乃重字也）者，福祿。腹小者少福。故臍欲深而闊，智而有福。淺窄者愚下而勞，向上者福智，向下者貧愚，低者思慮遠，高者無識量，或凸而出淺而小者，非善相也。

訣曰：腹墜而垂富貴壽宜，腹如抱兒四海聞知。腹上而短飯不滿碗，腹勢垂下名播天下，腹如雀腹貧賤無屋，腹臍凸出壽定夭促，臍深容李名播人耳，腹大垂囊食祿無疆，腹勢如囊名震四方。

賦曰：腹圓厚如懸箕兮，富貴期頤。假皮粗而上重兮，秉性自欺。寬平皮厚兮，乃聰明之如斯。窄狹薄小兮，竟奔走而無依。臍若深藏兮，多巧思，大可納李兮，是福基。
臍露而小兮，壽促以身危。腹小向下兮，飄蕩而瘦飢。

三臍腹痣相

1. 胸腰以中圍爲分界，在健美的女性

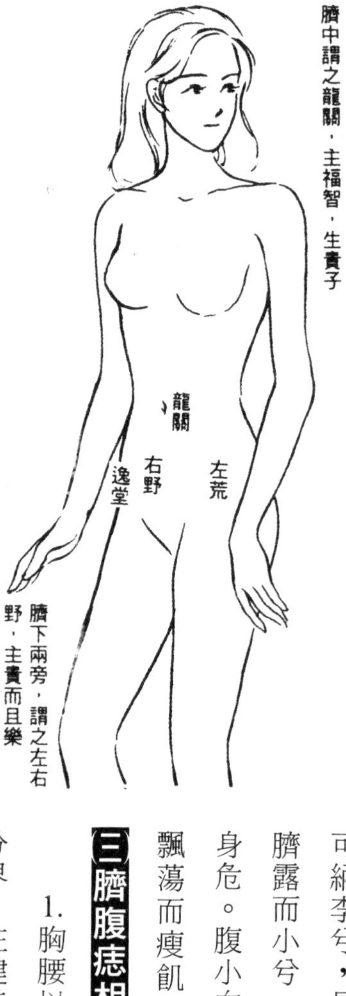
臍中謂之龍關，主福智，生貴子
龍關
左荒
右野
逸堂
臍下兩旁，謂之左右野，主貴而且樂

最易分辨，在男性則大約以腰帶爲分界，一般以乳下臍上的中央爲分界。

2. 臍當中謂之龍關，主福智，生貴子。在肚臍之近周，亦具此義。

3. 臍下兩旁之腹部，謂之左右野，在左或名「左荒」，在右即爲「右野」，主貴且樂。

4. 在左荒右野之外側，即下腹橫紋之兩旁，名「逸堂」，主性情閒雅，富貴快樂。

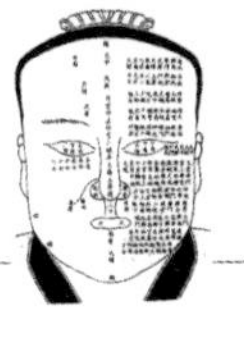

一般認為自脅下至兩膁刃骨上之外腰側部位俱同此論。

5.兩膁骨上，於人自然立正時，在腰臀間有自然凹窩處，謂之「勞源」，主奔波勞苦。

在此，痣宜生在肌肉豐賁處，而不宜生在肌肉缺陷或缺少肌肉之骨骼或關節處。

6.凡腹部肚臍四周之痣，表示財運、食祿、享受、健康、貴人，在女性除具備此意義外，並具豐富情感及母性愛之溫柔與關懷體貼，在男性則有為了爭取更好的精神物質享受而勤勉同上。

7.腹腰的腰骨部位為逸堂，表示耐性與享受，大抵有貪逸惡勞之傾向，如果接近「勞源」部位，則受勞源之影響，男看事業職位，女看婚姻，故逸堂之痣宜高上而表示男性地位高，職位清要，女性婚姻美滿幸福也。或曰主權勢。

8.肚臍以下之腹部，愈接近下陰，則又含有夫妻感情及家內私事之意義，男性擅長社交，甚至私情淫佚，女性則喜歡衣飾打扮，並且貪圖物質性慾享受，不免有虛榮浪費之傾向。

(四)肚臍形狀之象意

肚臍有高低及形狀之不同，大抵為身高之二分之一為標準，而事實上，男性大多稍高於身高的二分之一，女性稍低於身高的二分之一，因此很少有人探討肚臍高低的象意，大多只取肚臍的深淺及形狀研判論議，但此論議之正確性如何，因為考證困難，大多只作為自我玩味之參考而已。

1.俗稱「肚臍深深，要裝金。」義有凹深肚臍的人有財富，表示其人擅長理財預算，能賺聚積蓄，正是書云：「腹闊臍深智慧生，談今論古有才名，少年未遂鴻飛志，灼灼精神見晚生。」「臍能納李棟梁材，腹若垂箕斂貨財，如此形狀為上格，終當超越不須猜。」女性肚臍眼深凹者，主性格天真浪漫，貴人為伴，有愉快之人生也。

2.肚臍凸淺者，幼主哭鬧疾病，長主凡庸，書云：「臍凸性庸福不嘉，膠擾擾亂如麻，貲財若也無消散，怎得飛身入紫霞，義賺聚困難，即富亦不

貴。」女性平淺或凸出者，生性多疑，杞人憂天，往往引起不必要的口舌是非。

3.肚臍生高者，主多心機智謀，志氣遠大。

4.肚臍生低者，主無所抱負，心胸坦蕩，不能藏機，甚至傾向於智能不足。

5.肚臍寬大者，膽大敢爲，不拘小節，任性而容易逾越規範，甚至男盜女娼。

6.肚臍細小者，爲人消量，度量狹小，內向寡交。

7.縱長型之肚臍者，主觀強烈固執成見，不善交際，不易協調。

8.橫長型肚臍者，爲人內向，神經過敏，杞人憂天，往往庸人自擾，遇事容易鑽牛角尖。

9.斜向型肚臍者，此型少見，大多喜怒不定，性格變幻無常，甚至有多重人格或精神分裂症。

10.圓型肚臍者，爲人圓滑，老成世故，甚至有老奸巨猾之傾向。

11.肚臍有雙重上皮者，感情豐富，注重物質性慾享受。

12.肚臍上下俱有雙重皮者，爲人熱情，好友樂交，並且統御領導之慾望與才能，喜歡自我表現。

第七節　下陰痣相

(一)下陰相詩（五首）

人生斯世姓名香，小便散珠大便方，智慧自然應上達，何愁身不佐朝綱。

痣在龜頭不足誇，曾知其相未堪嘉，居中左右誠難識，識得元微是相家。

僻處毛多性最淫，無毛卻也沒胸襟，不多不少稱奇特，一片玲瓏錦繡心。

高而不下妙難言，貞節吉榮福子孫，若是低生貧賤者，不爲娼妓也開門。

陰上無毛臀股高，性多淫亂好喧嘈，不爲婢女人驅使，應是貧窮傍富豪。

(二)下陰捷徑

夫下陰者內有三竅，精一竅焉今以相論乃大小二便、陰陽二竅、水穀二道是也。故穀道緩而方者貴，水道寬而圓者賤。大便長而方者貴，小便如撒珠者貴。玉莖聳出者賤，龜頭內縮者貴，陰陽逆生者夫婦決不和睦，小便自根散者初年困敗，中散者中年困敗，杪散者晚年困敗。大便遲緩者富貴而壽，急速者貧賤而愚。小便撒如雨者貴，直下如篙攢者賤，辮珠者聰明。婦人小便如潤泉者貴，如米篩者賤，如漏滴者多病，速者貧，緩者富，多便者夭，少便者壽。便能遠者主壽多貴子，陰毛多者淫貴，無毛者賤，毛過穀道者下賤，陰毛過膝者貴，紅黃者賤，直者賤，勾者貴，亂生者賤，順生者貴。欲察陰陽二道，男觀其鼻女觀其口，而大小上下偏斜紋痣驗其上部則可知其下部矣。

訣曰：穀道多毛號曰淫秒，大便長方貴豈尋常，聰明壽考迪吉而昌，大便緊濫高年福澤。穀道寬圓多主不全，便如猴糞其人困頓，尿如散珠榮華歡娛，尿直如篙定作漁樵，尿如龍蟠性和而寬。

賦曰：女身皆陽兮得眞陰而成離，男身盡陰兮受眞陽而成坎，太極兮分造化，二儀兮有召感，龍頭豎舉兮如虎視眈眈，**（即伏腎中水虎說也）**月窟空懸兮似蓮茁之菡萏。（即陽中露陰也）。

三下陰痣相

1. 男性龜頭有痣，主壽，主貴子。唯思想怪異，缺乏耐性。
2. 男性陽具有痣，主貴。作事能幹能爲，自我主義強烈，只問目的而不擇手段。
3. 男性陰囊有痣，左主貴，右主富。左右俱有痣，一生富貴。
4. 女陰有痣，外陰主享受，大陰唇主財富，才陰唇主順受，小陰唇內側則主生殖器官疾病或性病。
5. 恥骨上的痣，主不協調，性知識貧瘠，缺乏性技巧，女性又主難產。

第八節　頭部相法

一頭相詩（五首）

頭大額寬實貴姿，嶒峻異骨始稱奇，眉清印淨文星照，要步瀛洲也不遲。
頭骨崢嶸岱岳鋒，少年捷報紫泥封，文爲宰輔定邦國，武作干城拜九重。
頭無惡骨果爲眞，骨格之名莫指陳，枕骨成形稱上相，定登科甲作朝臣。
頭生角骨武封侯，腦骨豐隆富貴流，巨鼇藏形窩不見，身居台壟建勳猷。
頭大額方邁衆形，紫微垣內上卿星，皮寬髮秀還增壽，元老股肱佐帝廷。

(二)頭相捷徑

夫頭者一身之尊百骸之首，諸陽之會五行之宗，居高而圓象天之德也。天欲圓不圓不能列萬象，地欲方不方不能載萬物，頭圓足方者富貴也，頭小足薄者貧賤也。其骨欲豐而起欲峻而凸，皮欲厚額欲方。短財欲厚長則欲方。凸者高貴，缺陷者夭壽。皮薄者主貧賤，頭有四角者主大貴，右陷者損母，左陷者損父，且當推各部而斷。

訣曰：頭骨短圓福祿綿綿，巨鰲入腦尙書到老，牛頭四方富貴吉昌，燕頷虎頭威鎭九州。耳聳頭圓萬頃田園，頭皮寬厚富貴現在。額尖頭大夫妻必礙，頭小頸長貧乏異常，蛇頭屈曲糟糠不足，男子頭尖福祿不全。鼠目獐頭富貴難求，蛇頭平薄財物寥落，頭大好古頭小愚魯，額如雞卵庸俗之黨，頭大無角腹大無囊，不是農夫必是屠剝，不是粗人定是木作。青色聰明白色伶仃，黃色貧賤赤色多恨。

賦曰：頭象天法乾兮，宜峻極而隆圓。頭為諸陽立極兮，忌頂陷而尖偏，燕頷虎頭兮，登將相而富貴長綿。犀頭虎腦兮，享安康而性識眞銓。立壁兮俊傑，覆肝兮朝賢。喜見金城骨起，且著伏犀參天。乃若頭尖額窄斷難為官，頭小額竄秉性不寬，龜頭鱉腦闞門喫食而歡，兔首孤額無事而兩眉常攢，腦削額塌庸士俗子總艱難，頭大額闊佩印封侯以巍冠。

第九節　鬢髮相法

(一)鬢髮相詩（五首）

髮疏光潤具天聰，秉性生慈亦渾融，若得眉清兼目秀，何曾身不到穹宮。
光如黑漆細如絲，便是人間富貴姿，髮廣長垂尤邁俗，南形北相更矜奇。
頭小髮長性倔強，髮長額窄命難長，髮生到耳貧頑子，髮鬈如螺帶剋傷。
髮際穹窿錦繡心，低垂壓額不堪吟，貧愚且賤何須問，早喪高堂抱恨深。
髮長髮短是強豪，粗硬微黃一世勞，借問髮濃何訣斷，愚頑困苦帶悲號。

(二)鬢髮捷徑

人之有髮象山嶽之有草木，貴乎秀麗不宜叢雜。故髮欲得疏而細，長而潤，黑而光，秀而香，乃貴人相也。若夫髮色黃者多防剋，髮色赤者多災害，髮粗硬而短者性剛，髮繁多而氣臭者迍滯。髮短而如拳者性剛而貧，髮最多者貧賤，髮際高者性和而壽，髮際低者性愚而賤，頂高髮高其性聰。是以耳邊無鬢心懷毒，毛髮硬磔如蝟毛者，爲子爲臣必不忠不教矣。夫髮者血之餘也，心主血若思慮勞傷心志則血氣衰而髮早白也。是以顏子年十八而髮白，三十二而夭亡也。大抵髮欲潤澤而黑，不喜枯焦而濃。

訣曰：侵眉亂額多見災厄，鬢髮粗疏財食無餘，鬢髮亂燥憂愁到老，頭小髮長散走他鄉，髮黃而焦不貧則夭，髮短如拳立性剛強。或赤或白必主貧賤，髮細潤澤宜求官職，髮細而經榮貴乏資，髮鬢亂生狡詐人憎，髮中赤理必主兵死，額髮亂垂妨母之宜。鬢髮不齊剋害妻兒，髮稀而細有名有利，髮粗如麻貧苦多磨，女人拳髮剋夫七八，男女髮黃走遍他鄉，骨粗髮前囊沒餘錢。

賦曰：髮屬心兮而爲難，徵靈關之盈虧。髮喻草木秀麗兮，驗山岳之珍奇，疏細光黑兮，多聰睿而舉世共推。絲秀潤澤兮，應厚福而壽望期頤。硬如蝟兮，子不教而臣欺，短似拳兮，秉性剛而孤疑，髮際高兮聰慧，髮際低兮身危，矻矻窮年兮乃亂額而侵眉，勞勞無壽兮，乃焦黃而赤絲。

第十節　髭鬚相法

(一)髭鬚相詩（五首）

配合髭鬚髮與眉，稀濃敵藉任施爲，三般不稱多辛苦，碌碌無成事可悲。
自古髯髯志氣雄，漢君對號美髯公，丈夫氣象長過乳，貌得龍形不可空。
髭清鬚秀起波紋，滿腹才儲定冠群，不佐朝廷光上國，也爲草莽大封君。
髭鬚潤采有威權，虎視鷹覷立帝前，四瀆五官無配合，定爲書吏詐人錢。
黃赤髭鬚作事差，壯時眞沛老來嗟，最怕翻朝神不足，性情乖忤毒如蛇。

二 髭鬚捷徑

夫髭鬚屬水，取其下流也。而相法中又謂之山林，取其根於土也。上唇生者爲髭，下唇生爲鬚，頦頷上生者爲髯，震兌生者爲髯。又云：上唇爲祿下唇爲官。訣云：寧可有祿而無官，不可有官而無祿。有祿無官者尙主富福，有官無祿者定主孤貧，財散人離，縱有五官亦主貧寒。又云：髭鬚黑而秀清富貴，滋潤者發福，乾燥者蹇滯，勁直者性剛不住財，柔者性柔卻住財。赤色者孤剋，拳者貧窮，髭不過唇主爲人費力，朋友無情，財帛耗散，子孫不得力。唇無鬚爲一空，主孤刑晚景貧寒。

訣曰：鬚長過腹滿堂金玉，髭鬚秀清終能得名，髭不蓋唇難為六親，髭鬚枯乾必受貧寒。髭鬚犯空刑剋無窮，鬚赤而枯不窮必孤，鬚如鐵條好鬥性豪。

賦曰：夫髭鬚為山林兮，不宜土星薄而剋沖，鬚多而髭少兮，受困頓而走西東，髭不蓋唇兮，六親皆空，赤而枯燥兮，奔走貧窮，長而且清兮，定世間之英雄，髭鬚髯鬍全兮，必報國之精忠。

第十一節　足部痣相

一　四肢相詩（五首）

兩腳短兮兩手長，早登雲路受金章，欹紋奇痣官非小，束帶立朝輔紀綱。

手足皮膚軟似錦，龍呑虎骨此身全，功名蹭蹬難如願，沒甚功名總有錢。

腳大無毛兩掌粗，此人定是人中奴，寒酸骨氣兼神濁，到處難謀一影孤。

骨露筋浮最可悲，一生苦況告誰知，手粗足薄無些用，定是人間老乞兒。

腳長手短走西東，那得安閒半日中，看看爾忙忙什麼，忙來忙去一場空。

二足部捷徑

足者，上載一身，下運百體，所以象地載萬物也。欲得方而廣，正而長，膩而長者，富貴之相也。不可側而薄，橫而短，粗而硬者，貧賤之質也。又要有跟，厚實而軟者，閒樂官榮，橫窄粗薄者，辛必貧寒。足下有痕者，富及子孫。足下有痣，有龜理者，通達三公，小則刺史之位。足心黑子，祿二千石。

定厚四方，必大碌富貴之人也。腳下旋紋者，名播千里。腳下平板者，貧愚。腳下凹，容龜者，富貴。足指纖長者，忠良之貴。足指端長者，豪邁之賢。足厚四方者，鉅萬之富。足底三痣者，兩省之權。足下軟細而多紋者，貴。足下粗硬無紋者，賤。足下有禽紋者，八座之職。足五指有策紋者，侍郎之職。足下有紋如錦繡者，食祿萬鍾。足下有紋如花樹者，積財無數。足下有紋如剪刀者，藏錢鉅萬。足下有紋如人形者，貴壓千官。足指有八螺紋者，富而且貴（**兩小指無者，是也。**）若兩小指皆有，謂之十螺紋，主性鄙吝。十指

兩膝頭上，謂之王府，主蓄積財帛。

兩膝骨上，謂之威揚，主得劫名威勢。

皆無螺紋者，主多破財。大抵貴人之腳背肥而厚，賤人之腳背薄而大。

訣曰：足下有紋，拔萃超群。足下黑痣，富貴賢士。足可容龜，必封侯位。足底三理，富貴無比。腳背肉厚，富貴現在。

賦曰：足底生痣兮，乃朝廷之巨擘。手長足短兮，智慧大而福全。足長手短兮，器量小而執鞭。腳無毛兮苦無錢。足底一紋成字兮，文章出自天然。

(三)足部痣相

1. 足部痣相罕言，兩足膊骨上謂之「榮源」，主勞苦奔波，猶「祿馬交馳」之義，奔波而得財祿也。

2. 足指間，謂之外庫，主多僕使。
3. 兩膝頭上，謂之王府，主蓄積財帛。
4. 膝頭兩旁之膝骨上，謂之威揚，主得名威勢。
5. 兩腿膝彎，謂之財苑，主牛馬旺畜。

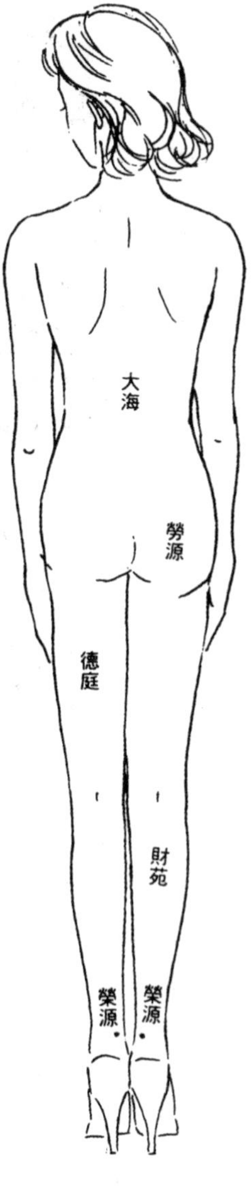

兩腿後德庭，主福德旺相。

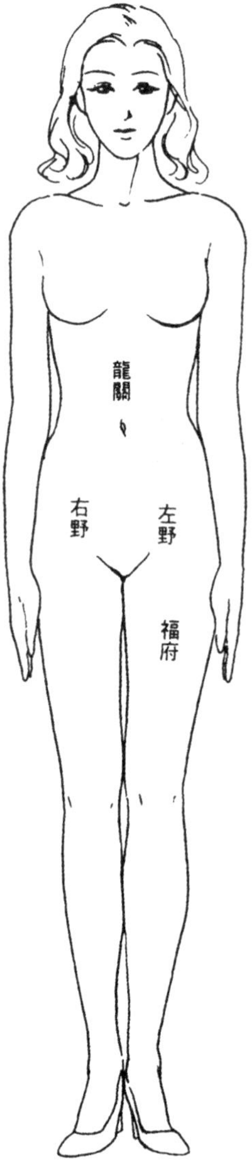

足指間，謂之外庫，主多僕使。

兩腿上福府，主驅使奴婢。

兩足膊骨上，謂之榮源，主奔波勞苦

按：財苑對應王府，前主財，後則主畜牧，得力，故有經營能力之義也。

6.兩腿股，即大腿之前面謂之福府，主驅使奴婢，主享福。後面謂之德庭，主福德旺相，即有德有福也。

7.股外側，因受勞源及威揚之影響，主少年得志，克勤克儉。股內側因受

荒野、逸堂及威揚之影響，故主財運及享受，不善表達。

8. 小腿上有痣，不論前後、左右，俱與勞源同論。

9. 又勞源有二說，一在足膊骨上，即小腿之前，一在地周之關骨上，大抵取義足踵以上，至膝以下的這一部份有痣者，具主奔波勞碌也。

10. 足指間有痣者，即謂之外庫，主多僕使，主財富享受。

按：本此，痣如生骨關節部位，以較少轉動之部位爲吉。

11. 足踵腳踝部位，主產業財富。

12. 兩足底謂之寶藏，有痣者，主封侯伯。

第十二節　身體相法總論

一 身相裸詩（五首）

體貴肥圓忌扁身，圓肥富福扁身貧，中停長闊多倉廩，孔小雞胸是匪人。

膚似凝脂體若香，清奇骨格眼神藏，三山背聳懸箕腹，富貴綿綿不可量。
看來壬甲兩般全，胸闊心平志浩然，臍納桃李腰又厚，滿堂金玉好姻緣。
瘦似枯柴黑似媒，窮年矻矻不須猜，朝朝謀食謀難就，話到孤貧事可哀。
背谷成坑受困窮，皮膚粗澀總囊空，精神促短齡何久，我語三般感慨中。

(二)身相形貌肌肉骨格皮毛總論

夫人秉天地陰陽之氣而成形，配三才而備五行，列八卦以配九州，五岳四瀆七孔八竅是以形成而不可變，體具而不可缺。大抵人身形貌肌肉，惟在充滿隆厚、平正華秀，其骨節如金石，欲峻不欲橫，欲圓不欲粗，瘦者不欲露骨，肥者不欲露肉，其肉欲堅而實直而潔，肉欲香而白，色欲明而潤，皮欲細而滑，毛欲秀而不多，藏而不露。凡相有清有濁，有厚有薄，有輕有重，有秀有媚，有粗有細，有瘦有肥，有急有緩，有取五行者，有象飛禽走獸者，有清奇古怪秀異嫩者，皆要取其精神聲音而辨別之。風鑑云：相形先得神所主，觀人從此分輕重，理不誣也。上相聽聲，中相察神，下相觀形，頭要圓額要方，鼻要正眉要彎，皮要滑毛要秀，上要長下要短，口如四字唇似硃紅，面方若田貝字，背豊字腰腹若懸箕，背若伏龜。坐如松、立如弓、臥如龍、聲如鐘、行如風、食如虎、怒如鼓，此人中之至富而貴也。是故有肉不如有骨，有骨不如有氣，有氣不如有神，而神實爲相之主也。凡相人之法必須相神，神固在眼而視聽言動無往而不爲。神所注只可神有餘而形不足，不可形有餘而神不足。故自極貴至極賤，其五臟六腑，九竅八脈皆同然，其所以異者相也。身有七尺之魁而無一尺之豊隆，有早年發跡者，有中年順適者，有晚年困貧者。初主蹇滯者，未限亨通者，更有成而復敗者，興而又衰者，此皆出於面之三停、身之三停、形貌之輕重、精神之遲速、部位運限之豊隆缺陷而斷之也。

訣曰：上長下短富貴不斷，上短下長走遍他鄉，面黑身白田園廣得，身黑面白賣盡田宇，面粗身細一生富貴，面細身粗貧苦而孤，身大頭小壽命最少，三停隆直富福難敵，形重骨剛壽命延長，身小聲雄位列三公，身大聲小壽命折夭，形容似鬼形剋不已，容如哭形家業不成，形容俊妍終作高賢，體若凝脂富

貴惟宜，骨格清奇文章之師，鶴骨龜形樂道山林，骨如枯柴其人可哀，面上無肉莫與同宿，腳背無肉財源不足，準頭無肉貪婪不足，準頭垂肉淫心不足，手背無肉祖業不足，眼下無肉子孫不足，背腰無肉勞苦不足，嘴唇無肉是非不足，頦頤無肉晚年不足，臀股無肉做事不足，手足無肉自創不足，兩腳無毛不可與交，手上有毛福祿滔滔，陰上無毛淫濫無聊，陰上毛多織錦著羅，心上生毛聰明志高，心上多毛惡死悲號。

賦曰：面似磚兮身如水，口容拳兮臍納李，非列三台之身，必居九卿之位。骨格俊俏兮耿介剛直無俗鄙，肌肉潤澤兮和神正大爲吉士，毛秀兮富豊，形醜兮貧苦，聲如洪鐘騰韻兮貴無比，坐似泰山安穩兮富而美。乃若兩目爛漫兮須知滿腹經綸，兩眉軒昂兮決然搢笏垂紳，額寬兮而頭大定倜儻而懷珠，上長兮而下短果超拔而見眞。面黑身白兮非富亦非貧，面粗身細兮可憫亦可瞋，體有餘香兮乃社稷之元臣，胸有奇痣兮豈寰區之庸人，壬甲相稱兮定瀟灑而出塵，身似枯柴兮與樵豎而爲鄰。

後語

古傳麻衣、柳莊、水鏡、王氏風鑑、相法全編、後世創文增註，未得先賢傳法之古心，浪博著述之虛名，頭緒錯出語句重複，或得一時之標榜，竟誤千古於歧途，雖集輯痣斑以爲消遣，實懷激奮學者研究各種新舊學術而予整理發揚之風潮理想，如使故步自封而驕矜，莫若臨深履薄之敬慎，則五秘能摒秘藝之自絕，集同好以爲切磋砥礪，而可慰集輯之良苦！

關於臉、手、身體上痣的正確意義，本書以平易方式爲各位解說，在閱讀此書時，你可能會發現你潛在的才智，你能一眼洞穿痣所隱含的命運，那你的命運之路將更爲拓展。

如有不太好的痣，你也不必悲觀或惶惶不安，痣是特地通報我們危險的訊號，只要了解自己缺點的所在。設法彌補改善，就可以避過災難或危險，如此不但使你消災除禍，甚至可能帶來好運。

假使你認爲點痣能夠改變命運的說法，那麼筆者只能告訴你，點去了你所認爲惡劣命運的痣，在該處仍然會留下一個疤痕，其象意甚至比惡痣還要凶劣，所以對於有礙觀瞻的痣斑才需要美容除去，如果是無礙觀瞻的小惡痣，只要從修身養性改變個人的性格氣質，命運也就自然好轉，你我又何必爲了點去小小的痣斑而留下更不雅觀的疤痕？

你說是嗎？

紫陽居士　謹識

國家圖書館出版品預行編目資料

精確解析痣相的第一本書／紫陽居士著.
——初版—— 台北市：宇河文化出版；
紅螞蟻圖書發行，2003〔民 92〕
面　　公分，——(Easy Quick：36)
ISBN 957-659-405-7 (平裝)

1.痣相
293.24　　　　　　92020242

Easy Quick：36

精確解析痣相的第一本書

作　　者／紫陽居士
發 行 人／賴秀珍
榮譽總監／張錦基
總 編 輯／何南輝
文字編輯／林芊玲
美術編輯／林美琪
出　　版／宇河文化出版有限公司
發　　行／紅螞蟻圖書有限公司
地　　址／台北市內湖區舊宗路二段 121 巷 28 號 4F
郵撥帳號／ 1604621-1　紅螞蟻圖書有限公司
電　　話／(02)2795-3656（代表號）
傳　　真／(02)2795-4100
登 記 證／局版北市業字第 1446 號
法律顧問／通律法律事務所　楊永成律師
印 刷 廠／鴻運彩色印刷有限公司
電　　話／(02)2985-8985 · 2989-5345
出版日期／ 2003 年 12 月　第一版第一刷
　　　　　2010 年 5 月　　　第三刷

定價 220 元

ISBN 957-659-405-7　　　　Printed in Taiwan